Anne Effelsberg

Duftsträuße und Potpourris

aus Blumen, Kräutern und Gewürzen selbst komponieren

FALKEN

Von der gleichen Autorin ist bei FALKEN erschienen: »Blumen liebevoll arrangieren« (Nr. 1157)

Allen, die mich bei diesem Projekt unterstützt haben, spreche ich meinen herzlichen Dank aus. Besonders erwähnen möchte ich Gisela Ermentraut, Heidi Günter (Näharbeiten) und Rosemarie Waindinger (traditionelle Gewürzsträuße) sowie vor allem meine geduldige Familie.

Für die Präsentation der Sträuße und Potpourris wurden unter anderem Schalen, Vasen und Gefäße verwendet von:
»Casa Bea«, Klosterhofweg 74, 4050 Mönchengladbach (Seite 45, 52, 67, 69, 74); Handelskontor Haymann, Auf der Heide, 5239 Norken (Seite 36, 37, 43); Andrea Schweizer, Rosental 101, 5300 Bonn (Seite 50, 51); »Allerlei«, Laakstraße 42, 4223 Voerde (Seite 32, 48, 59, 60, 64);
Konservierungsmittel, Fixative und ätherische Öle: Josefa Dürolf, Rabegasse 19, 6310 Grünberg (Hessen).
Wir danken den Firmen für ihre großzügige Unterstützung.
(Fragen Sie nach Konservierungsmitteln, Fixativen und ätherischen Ölen in Ihrer Apotheke; letztere sind u. a. auch zu beziehen über »Spinnrad«, »Primavera«, »Neumond«, »Aladin« sowie andere Naturkosmetik-, Parfüm- oder Bioläden.)

Die Deutsche Bibliothek – CIP-Einheitsaufnahme

Effelsberg, Anne:
Duftsträusse und Potpourris aus Blumen, Kräutern und Gewürzen selbst komponieren / Anne Effelsberg. – Niedernhausen/Ts. : FALKEN, 1992
(Kunst & Hobby)
ISBN 3-8068-1239-X

ISBN 3 8068 1239 X

Titelbild: TLC Foto-Studio GmbH, Velen-Ramsdorf
Fotos: Alle Fotos TLC Foto-Studio GmbH, Velen-Ramsdorf, außer Seite 19 rechts, Falken Archiv/Arius
Zeichnungen: Daniela Schneider, Frankfurt a.M.
Layout: Ilse Stockmann-Sauer AS-Design, Offenbach
Die Ratschläge in diesem Buch sind von der Autorin und vom Verlag sorgfältig erwogen und geprüft, dennoch kann eine Garantie nicht übernommen werden. Eine Haftung der Autorin bzw. des Verlags und seiner Beauftragten für Personen-, Sach- und Vermögensschäden ist ausgeschlossen.
Satz: TypoBach Rhein-Main, Wiesbaden
Druck: Ernst Uhl, Radolfzell

817 2635 4453 6271

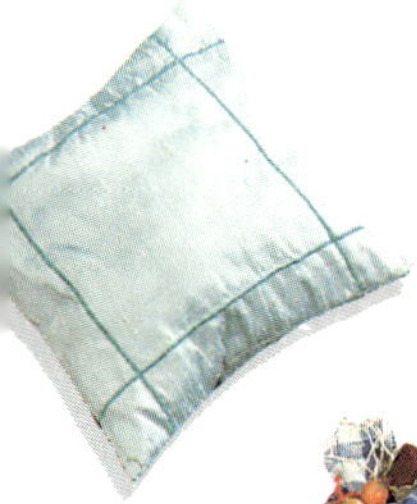

VERFÜHRERISCHE DÜFTE

Kommen Sie mit auf eine ungewöhnliche Entdeckungsreise – lassen Sie sich in die sinnliche Welt der Düfte entführen, in der der Phantasie keine Grenzen gesetzt sind.

Die Welt der Düfte ist etwas ganz Eigenes und Besonderes; zum einen sind sie flüchtig und kaum faßbar, ein Hauch, der leise lockt, zum anderen intensiv und betörend, in Duftwellen, die den Charakter einer Landschaft, wie auch eine Jahreszeit prägen können. Düfte wecken Erinnerungen, rufen Assoziationen hervor und lassen längst vergessene Bilder neu entstehen. Frage ich nach Lieblingsdüften, so erinnert sich der eine an Lavendelfelder in der Provence, der andere an die Rosen in Großmutters Garten, der dritte an das Frühjahr auf Kreta und seinen charakteristischen Oreganoduft (und der nächste denkt an Sauerbraten). Immer aber sind Dufterlebnisse individuell – was dem einen angenehm ist, kann dem anderen schon zuviel sein.

Es ist erstaunlich, wie unterschiedlich Blumen ihre Düfte verströmen: Die Engelstrompete duftet je nach Tageszeit schwach oder intensiv, die Minze dann, wenn man sie zerreibt, der Waldmeister dagegen erst im getrockneten Zustand. Der Duft des Wiesenschaumkrauts entfaltet sich nur in unmittelbarer Nähe, während der einer einzelnen Tuberose einen ganzen Raum erfüllen kann.

So sehr uns auch die Vielfalt der Wohlgerüche erfreut, sollten wir doch dabei nicht vergessen, daß die eigentliche Aufgabe eines Duftes darin besteht, mit zur Vermehrung der Pflanzen beizutragen und neugierige Insekten als fleißige Helfer bei der Bestäubung anzulocken. Für den Menschen haben ätherische Öle – außer daß sie angenehm duften – noch einen ganz praktischen Wert, da sie eine heilende Wirkung auf den Körper und die Seele ausüben können. Solche Aspekte der Aromatherapie greift dieses Buch ebenfalls auf, und zwar unter anderem bei der Komposition von Potpourris.

Die Blumen- und Duftkultur heute reicht zurück bis in frühe Epochen und ist in vielen Teilen der Erde zu finden. Schon die alten Ägypter wußten sich mit betörend riechenden Lotuskränzen zu schmücken, und die Römer waren berühmt für ihre schwelgerischen Rosenfeste. Duftendes Räucherwerk wurde zu Ehren vieler Götter verbrannt.

In Europa entwickelte sich im Mittelalter eine geradezu ausgefeilte Duftkultur – verständlicherweise, wenn man an die hygienischen Verhältnisse denkt! Man umgab sich mit bedufteten Gegenständen wie Ketten und Handschuhen, frisierte sich die Haare mit duftendem Puder, ja, ließ sogar bei festlichen Anlässen öffentliche Springbrunnen parfümieren.

Viele der Begriffe, die wir heute verwenden, haben ihre sprachlichen Wurzeln in dieser Zeit. Zum Beispiel das Wort »Potpourri«, das aus »pot« (franz. Topf) und »pourri« (franz. faulen, verwesen) gebildet wurde, also nichts anderes bedeutet als »verfaulter Topf« – eine Bezeichnung, die verständlich ist, wenn man weiß, daß damit ursprünglich die feucht angelegten, sogenannten »fermentierten« Potpourris gemeint waren, deren unschönes bräunlich-modriges Aussehen typisch war.

Unter Pomandern verstehen wir heute mit Nelken gespickte und konservierte Zitrusfrüchte. Woher die Pomander ihren Namen haben? Im Mittelalter trug man zur Abwehr von Krankheiten wie auch als wohlriechenden Schmuck Ketten mit apfelförmigen Behältern, die mit duftenden Materialien, vor allem mit Ambra, gefüllt waren. Aus Pomme d'Ambre (»Pomme«, franz. Apfel) wurde dann »Pomander«. Auf vielen mittelalterlichen Darstellungen kann man diese duftenden Begleiter wieder entdecken.

Sie werden feststellen: Wenn Sie einmal angefangen haben, sich mit betörenden Blumendüften zu umgeben, so werden Sie von ihnen und ihrem Zauber nicht mehr so leicht loskommen. Ich freue mich, wenn ich Sie mit diesem Buch zu eigenen »Entdeckungsreisen« anregen kann.

Blumen, Kräuter und Gewürze – ihre Duftnoten und ihre symbolische Bedeutung

Eukalyptus	kampferartig (wie ein Einreibemittel) frisch Wohlergehen wünsche ich Dir
Flieder	voller, lieblicher, froher Blumenduft Erstes Erwachen einer Liebe
Goldlack	lieblich warmer Blumengeruch Liebend eins mit Dir
Geißblatt	üppiger, sinnenberauschender, lieblicher Duft Du betörst mich
Gewürznelke	herb, würzig und warm Sich Neuem öffnen, Altes loslassen
Heu	satter, trockener, heiterer Sommergeruch Verschwiegene, zärtliche Zweisamkeit
Kamille	freundlich, warm, kräuterartig und fruchtig Ich bin um Dich besorgt
Labkraut	lieblich, hell und sanft wie Waldmeister Wir werden einen Weg finden
Lavendel	krautig frischer Duft Die trüben Schleier lichten sich
Levkoje	eindringlich, blumig mit einem Hauch Muskat Kraftvolle Schönheit
Lilie, weiß	voller, lieblicher, schwerer Blumenduft Reine Liebe
Lorbeer	satter, aber unaufdringlicher würziger Geruch Dem Besten
Mädesüß	freundlich und prickelnd süß Zärtliche Gedanken an Dich
Maiglöckchen	lieblicher, heller, intensiver Blumenduft Das Glück kehrt zurück
Minze	zitronig und erfrischend Weisheit im Leben
Muskatnuß	aromatisch, würzig, herb Halte Dich zurück
Myrte	leicht kräuterartig und zugleich lieblich Was uns verbindet, bleibt

Nelke	etwas herber, an Pfeffer erinnernder Blumenduft In unveränderter Sehnsucht
Pfefferminz	erfrischend, würzig und freundlich Erkenntnis
Pfingstrose	satt, voll, frisch, weittragend und blumig Üppiges, kraftvolles Leben
Rainfarn	kampferartig »gesund«, würzig Sei mutig
Rose, rot	intensiver, typischer, verführerischer blumiger Duft Grenzenlose Liebe
Rosmarin	krautig und streng, aber nicht abweisend In Zuversicht
Schafgarbe	würzig, wie Kampfer, jedoch unaufdringlich Ich denke oft an Dich
Schneeball	süß und etwas bitter Zarte Spiele
Seidenpflanze	lieblich weich, heiter mit zimtiger Note Sanftvertraute Heiterkeit
Sternanis	voll würziger Geruch mit einem Ambrahauch Nah und fern zugleich
Thymian	krautig-dichter, freundlicher Geruch Neben Dir
Tuberose	intensiver, üppiger, betörender Duft Losgelöst, schwelgerisch genießen
Veilchen	schwach süßlich, zart und sanft Im Geheimen blühen
Waldrebe	lieblich, mit etwas spitzem Unterton Nebeneinander friedlich leben
Walnuß	eigenwillig, warm und herb Trotz allem
Wermut	etwas beißend, frecher, würziger Duft Vertrauen
Wicke	frisch, leicht, blumig Abschied und Neubeginn
Zimt	satt, voll, warm und würzig Wärme und Gelassenheit
Zitronenpelargonie	intensiv, frisch, zitronig Laß dich verwöhnen

ALLERLEI GRUNDWISSEN

Wissenswertes über Blumen, Kräuter und Gewürze, die Techniken des Konservierens und des Andrahtens sowie das Binden und Arrangieren von Sträußen erfahren Sie auf den folgenden Seiten.

BLUMEN

Als erste Maßnahme nach dem Kauf von frischen Schnittblumen sollten Sie alle Blätter im unteren Stielbereich, eventuell auch einige in der oberen Hälfte, entfernen. Jede Blume mit einem scharfen Messer schräg abschneiden (nicht abknicken!) und direkt ins Wasser stellen (optimal ist ein Anschnitt unter fließendem Wasser). Zum Einstellen sollte es nicht eiskalt, sondern am besten entweder abgekocht oder abgestanden (12 Stunden) sein. Vor der Weiterverwendung sollten sich die Blumen, 1 bis 2 Stunden tief in Wasser gestellt sowie in Papier eingeschlagen, an einem kühlen Ort erholen können. Falls sie frühzeitig welken: über Nacht wie oben angegeben versorgen, falls nötig, stark kürzen.
Sorgen Sie prinzipiell dafür, daß die Wasserversorgung nicht unnötig unterbrochen wird. Lassen Sie zum Beispiel beim Binden eines Straußes jede Blume so lange, wie Sie sie nicht brauchen, in einem mit Wasser gefüllten Eimer stehen.
Auf dem Foto sehen Sie eine Auswahl duftender Hochsommerblumen. Aber nicht nur zu dieser Zeit entfalten viele, besonders intensiv duftende Blumen ihre Blüten. Veilchen, Wikken, Hyazinthen, Flieder, Freesien, Maiglöckchen, Schneeball, Goldlack, Tuberosen und Wiesenschaumkraut zum Beispiel sind typische Frühjahrsblüher, Pfingstrosen, Kamille, Jasmin, Reseda, Seidenpflanzen und Wasserdost sind dagegen im Frühsommer zu finden. Nicht vergessen sollte man an dieser Stelle die intensiv duftenden »grünen« Pflanzenmaterialien, wie die Nadeln der Zeder, der Kiefer oder der Lärche, um nur einige zu nennen. Die Blätter der Duftblattpelargonie, des Eukalyptus sowie des Weihrauchs und des Wermuts bereichern jedes Arrangement mit ihren für sie so typischen Düften.
Auf den folgenden Seiten finden Sie eine Auswahl aromatischer Kräuter und Gewürze, wie zum Beispiel Koriander, Muskatnuß, Nelken, Thymian, Lorbeer oder Zitrusfrüchte, die in vielen der in diesem Buch vorgestellten Potpourris und Sträußen verwendet wurden.

1 Gefleckte Taubnessel (Lamium maculatum), 2 Schafgarbe (Achillea filipendulina), 3 Bauernchrysantheme (Chrysanthemum segetum), 4 Indianernessel (Monarda didyma), 5 Bleiwurz (Plumbago auriculata, 6 Leberbalsam (Ageratum houstonianum), 7 Rebhuhnbeere (Gaultheria procumbens), 8 Mädesüß (Filipendula ulmaria), 9 Wachsblume (Hoya carnosa), 10 Wandelröschen (Lantana-Camara-Hybriden), 11 Gartennelke (Dianthus caryophyllus), 12 Waldrebe (Clematis vitalba), 13 Lavendel (Lavandula angustifolia), 14 Mutterkraut (Chrysanthemum parthenium), 15 Orangenbäumchen (Citrus sinensis), 16 Heliotrop (Heliotropium arborescens), 17 Purpurskabiose (Scabiosa atropurpurea), 18 Labkraut (Galium verum), 19 Schleifenblume (Iberis arendsii), 20 Bourbonrose (Rosa borboniana »La Reine Victoria«), 21 Geißblatt (Lonicera tellmanniana), 22 Flammenblume (Phlox paniculata), 23 Madonnenlilie (Lilium candidum), 24 Oleander (Nerium oleander), 25 Kapuzinerkresse (Tropaeolum majus), 26 Englische Rose (Rosa-Gartenrose »Charles Austin«), 27 Bergflockenblume (Centaurea montana), 28 Liguster (Ligustrum vulgare), 29 Rainfarn (Chrysanthemum vulgare), 30 Königslilie (Lilium regale), 31 Schmetterlingsstrauch (Buddleja davidii), 32 Ringelblume (Calendula officinalis)

GEWÜRZE

1 Apfelsine (Citrus sinensis), **2** Kumquat (Fortunella japonica), **3** Pampelmuse (Citrus maxima), **4** Mandarine (Citrus reticulata), **5** Limette (Citrus aurantiifolia), **6** Zitrone (Citrus limon), **7** Zimt (Cinnamomum verum), **8** Muskatnuß (Myristica fragans), **9** Koriander (Coriandrum sativum), **10** Mazis/Muskatblüte (Myristica fragrans), **11** Wacholder (Juniperus communis), **12** Paprika (Capsicum annuum), **13** Sternanis (Illicum verum), **14** Piment (Pimenta dioica), **15** Nelken (Syzygium aromaticum),**16** Echte Vanille (Vanilla planifolia), **17** Kardamom (Elettaria cardamomum), **18** Lorbeer (Laurus nobilis), **19** Chili (Capsicum frutescens)

1 Beifuß (Artemisia vulgaris), 2 Liebstöckel (Levisticum officinale), 3 Gamander (Teucrium chamaedrys), 4 Zypressenkraut (Santolina chamaecyparissus), 5 Ysop (Hyssopus officinalis), 6 Thymian (Thymus vulgaris), 7 Zitronenmelisse (Melissa officinalis), 8 Borretsch (Borago officinalis), 9 Zitronenverbene (Verbena-Hybriden), 10 Waldmeister (Galium odoratum), 11 Estragon (Artemisia dracunculus), 12 Weinraute (Ruta graveolens), 13 Schnittlauch (Allium schoenoprasum), 14 Majoran (Origanum majorana), 15 Pimpernell (Pimpinella major), 16 Lorbeer (Laurus nobilis), 17 Rosmarin (Rosmarinus officinalis), 18 Apfelminze (Mentha suaveolens), 19 Roßminze (Mentha longifolia), 20 Salbei (Salvia officinalis), 21 Muskatellersalbei (Salvia sclarea)

KRÄUTER

KONSERVIEREN

Vorhin hielt ich eine besonders attraktive Pfingstrose in der Hand. Diese blühende Schönheit über ihre normale Lebensdauer hinaus bewahren zu können macht den Reiz des Konservierens aus. Freilich, durch den Trokkenprozeß verändert sich die Blume in den Farben, in der Größe und in der Oberflächenwirkung. Sie bekommt einen matteren, spröden bis leicht morbiden Reiz. Natürlich wird nach einigen Monaten, spätestens aber in zwei Jahren, die getrocknete Blume blaß bis bräunlich und verstaubt aussehen. Dann wird es Zeit für ein neues Arrangement oder Potpourri. Bis dahin habe ich an allen vorbereitenden Aspekten Freude: Das Auswählen der Konservierungsmethode, die einzelnen Arbeitsschritte, die Spannung beim Warten, das Arrangieren. Gerade die längere Beschäftigung mit der Blume kann dazu führen, daß auch Sie das Trocknen von Blumen als eine wohltuend entspannende und mußevolle Beschäftigung empfinden werden. Im Folgenden beschreibe ich Ihnen einige der wichtigsten Konservierungsmethoden.

Schon während des Trokkenprozesses bilden Blumen, auf die Fensterbank oder die Kommode gestreut, ein reizvolles Stilleben. In Bündeln aufgehängt werden sie zum farbenfrohen Zimmerschmuck.

AUSLEGEN

Mit dieser Methode können Sie sehr gut größere Materialmengen trocknen. Legen Sie die Blütenblätter, Blüten und andere Pflanzenteile einfach an einem trockenen, warmen Ort aus. Es sollte möglichst eine Luftzufuhr von allen Seiten vorhanden sein (keine ganz geschlossenen Behälter). Hier bieten sich zum Beispiel flache, durchlöcherte Kartons an, die man auch stapeln kann. Professioneller sind allerdings mit feinmaschigem Drahtgitter bespannte Holzrahmen. Für kleine Materialmengen suche ich mir »Streuplätze« in der Wohnung – das sieht sehr schön aus.
Das Trocknen dauert zwei Tage bis eine Woche. Eine dünn gestreute Salzschicht beschleunigt den Vorgang. Die Blüten werden mit den Köpfen nach oben gelegt und die Blätter dünn verteilt. Im Sommer trockne ich größere Ernten an einem Tag draußen auf einer Decke.
Schneller geht das Auslegen und Trocknen im Backofen (Alternative: Mikrowelle siehe Seite 21). Bei geringen Temperaturen (50° C) und mit Umluft lassen sich Blumen so gut und rasch konservieren. Aber Achtung: kontrollieren Sie das Material immer wieder. (Dauer: 30 Minuten bis mehrere Stunden)!

STELLEN

Sobald die Blumen voll erblüht sind, wird die Wassermenge in der Vase drastisch reduziert (je nach Straußgröße 3 bis 10 cm Wasserstand). So können die Blumen langsam eintrocknen. Begünstigen kann man den Konservierungsprozeß durch einen warmen Untergrund (Heizung). Bei einem Arrangement in Steckmasse wird einfach kein Wasser mehr nachgefüllt, wenn die Blumen voll erblüht sind.

AUFHÄNGEN

Ein trocken-warmer Platz mit Luftzufuhr, zum Beispiel ein Dachboden, ist ideal für das Aufhängen von Sträußen und Blumenbündeln. Dabei dürfen diese jedoch keiner direkten Sonnenbestrahlung ausgesetzt sein, da sie sonst ausbleichen. Im Sommer nutze ich den »Backofeneffekt« heißer Tage, indem ich die Blumen in kurzer Zeit draußen auf einem Wäscheständer »antrockne« – schneller geht's nicht!
Zuerst werden an den Stielen die meisten Blätter entfernt. Fassen Sie dann die »Buschen« mit einem Gummiband zusammen. Es sollten aber nicht zu viele auf einmal sein, da sie sonst faulen. Ein Drahthaken, geformt wie ein Fleischerhaken, eignet sich gut zum Aufhängen.

EINLEGEN

Optisch sehr ansprechende Ergebnisse erhalte ich mit Silicagel (Kieselsäuregel, Blaugel). Es ist in Form von kleinen blauen Kügelchen oder als weißliches Gries erhältlich und saugt die Feuchtigkeit in seiner Umgebung auf. Deshalb müssen Sie es nach jedem Konservieren im Backofen trocknen und im verschlossenen Behälter aufbewahren. Der Anschaffungspreis ist hoch, doch es ist unbegrenzt oft zu benutzen. Füllen Sie eine Schicht Silicagel in einen Behälter, legen Sie die Blüten einzeln hinein, und bedecken Sie sie vorsichtig mit einer weiteren Schicht. Dann wird das Gefäß verschlossen. Nach wenigen Tagen sind die Blumen schon trocken, was Sie daran erkennen können, daß sich das Silicagel in der Nähe der Blüten rosa gefärbt hat. Nehmen Sie jetzt das Silicagel mit einem Löffel (Becher) heraus oder schütteln Sie es ab. Aber vorsichtig, denn es staubt unangenehm. Sie werden staunen, wie schön mit dieser Konservierungsmethode auch solche Blumen werden, die man anders schlecht trocknen kann, zum Beispiel Orchideen, Lilien oder Gerbera. Man benötigt für einige Blüten (je nach Größe) ungefähr 500 g Silicagel aus der Apotheke.

EINTAUCHEN

Das Eintauchen in flüssiges Wachs ist eine uralte Konservierungsmethode, mit der man reizvolle, nostalgische Ergebnisse erzielen kann. Hier eignen sich kompakte Blüten und flache Blätter besonders gut wie auch solche, die im frischen Zustand eine nichtglänzende Oberfläche haben. Erhitzen Sie Wachsreste – farbige oder weiße – im Wasser (ohne sie kochen zu lassen). Dann tauchen Sie die Blüte kopfüber in das Wachs ein. Da der Blütenkopf durch das Wachs schwerer wird, ist es oft sinnvoll, sie vorher anzudrahten. Nach dem Eintauchen lassen Sie die Blüten (zum Beispiel eingesteckt in trockene Steckmasse) abtropfen. Diesen Vorgang wiederholen Sie mehrmals, um eine dichtschließende Wachsschicht zu erhalten. Wenn Sie die Blüten nach dem Wachsen jeweils in ein kaltes Wasserbad tauchen, wird die Oberfläche glänzend.

BEPINSELN

Früher wurden zarte Blüten mit Gummiarabicum bepinselt, das man für Konfekt verwendete. Sowohl Gummiarabicum wie auch Eiweiß (eventuell in Verbindung mit feinem Zucker) sind gute Konservierungsmittel. Aber nicht nur Eßbares läßt sich so haltbar machen.

Gummiarabicum ist in Apotheken erhältlich. 10 g reichen für die ersten Versuche. Lösen Sie es in der doppelten Menge Wasser (lauwarm) auf. Die Blumen werden mehrmals bepinselt und sollten eventuell vorher angedrahtet worden sein. Der Trockenvorgang dauert mehrere Tage. Kompakte Blüten tauche ich in einem schmalen Becher in die Lösung ein. Die Blumen wirken so sehr natürlich.

WICHTIGE ALLGEMEINE TIPS

- Es ist sinnvoll, bei jeder Blumensorte verschiedene Methoden auszuprobieren.
- Ich selbst halte die Ergebnisse seit Jahren als Hilfe schriftlich fest.
- Getrocknete Blumen müssen dunkel, trocken und kühl gelagert werden (etwa in Schuhkartons).
- Gegen Ungeziefer lege ich trockenen Beifuß, Wermut, Zypressenkraut, Zedernholz oder Mutterkraut dazu.
- Große Materialmengen trockne ich ohne Hilfsmittel, mit kleinen probiere ich alles Mögliche aus.
- Zum Trocknen pflückt man die Blumen am frühen Mittag.
- Im Herbst und Winter kann man getrocknete Gräser, Zweige, Blätter und Zapfen sammeln.
- Rechnen Sie beim Konservieren immer damit, daß einiges nicht gelingt.
- Wenn Blüten unansehnlich werden, nehme ich sie als Füllmaterial für Sachet- und Minikissen oder vergolde sie.
- Zarte Blüten und Blätter, die sich nicht rollen sollen, kann man, einzeln zwischen Papierschichten gelegt, mit Druck pressen (Blumenpresse/Telefonbücher).

Methoden und Mittel	**Vorgehensweise und Dauer**	**Material-Menge und Eignung**	**Tips**
1. auslegen **a)** in der Wohnung **b)** in der Sonne **c)** im Backofen **d)** mit Mikrowelle	Blüten, Blütenblätter und Blätter werden lose gestreut **a)** bis zu einer Woche auf einer großen Fläche **b)** nur tagsüber, 1–2 Tage **c)** 50°C, Umluft, 20 Minuten bis 2 Stunden (oft kontrollieren) **d)** hohe Wattzahl, 5–30 Minuten (kontrollieren)	**a)** für große Mengen **b)** nur an heißen Sommertagen **c)** schnell, häufig gute Ergebnisse **d)** schnell, häufig gute Ergebnisse	gut geeignet für Potpourris
2. stellen **a)** mit wenig Wasser **b)** in Glycerin	**a)** Sträuße, einzelne Zweige mit wenig Wasser bis 2 Wochen an einem warmen Ort (wie über der Heizung) **b)** Glycerin (aus der Apotheke) und doppelte Menge Wasser zum Einstellen (mit frisch angeschnittenen Stielen)	**a)** Blumen, fruchttragende Gehölze **b)** Grüne Zweige (Buchsbaum) und Koniferen	für Sträuße
3. aufhängen **a)** drinnen **b)** draußen	Blumen werden als fertiger Strauß oder in Sorten gebündelt und kopfüber an einem trockenen Ort mit Luftzufuhr aufgehängt	gut für große Mengen **b)** nur an heißen Tagen kurz tagsüber, weil die Blumen sonst ausbleichen	für Sträuße
4. einlegen **a)** in Quarz- oder Vogelsand **b)** in Borax **c)** in Waschpulver **d)** in Silicagel	Pflanzenmaterial wird in Konservierungsmittel eingebettet und vorsichtig bedeckt **b)–d)** man braucht gut schließende Behälter **a)** leicht zu besorgen. Ergebnisse sind schwankend **b)** besser in Verbindung mit **c)** Waschpulver **d)** hohe Anschaffungskosten, aber wiederverwendbar	aufwendige, aber besonders attraktive Ergebnisse für einzelne Blüten	für Sträuße und Potpourris
5. eintauchen **a)** in Wachs **b)** in Gummi-arabicum	die Blume eintauchen, abtropfen lassen, Vorgang wiederholen **a)** Wachs erhitzen und verflüssigen **b)** Pulver in doppelter Menge Wasser auflösen	Blumen mit großen Köpfen vorher andrahten	für Sträuße und Potpourris
6. bepinseln **a)** mit Gummi-arabicum **b)** mit Eiweiß **c)** zusätzlich mit Zucker	Blüten sind eßbar, bei Eiweiß nur in den ersten 24 Stunden **a)** schmales hohes Gefäß verwenden **b)** 1–2 Eiweiß aufschlagen **c)** bepinselte Blüten mit ganz feinem Zucker bestreuen	Farben und Formen bleiben bei diesen alten Konservierungsmethoden gut erhalten **c)** Zucker konserviert zusätzlich, sieht auf kleinen Röschen sehr hübsch aus	besonders als eßbare Dekoration

AN-DRAHTEN

WERKZEUG

Rosenschere zum Abschneiden von Blumen und Zweigen, Messer zum Anschneiden von Schnittblumen, Schere, Zange u.a.

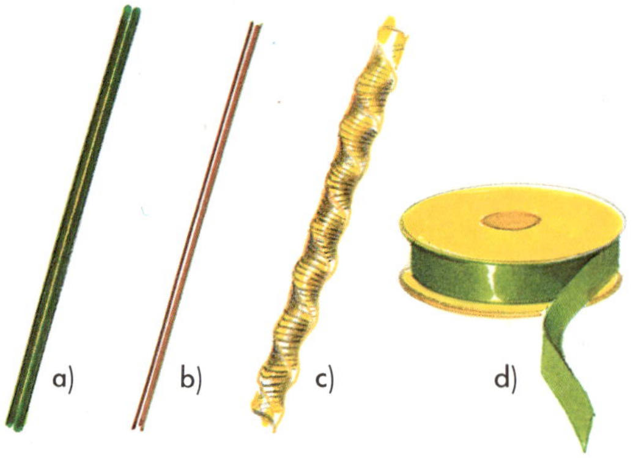

DRÄHTE

Es gibt Draht in vielen verschiedenen Stärken und Längen. Die für uns wichtigsten Sorten sind:
a) grünlackierter Stützdraht,
b) grünlackierter oder farbiger Myrtendraht, c) Bouillon- oder Schmuckdraht sowie außerdem d) Kreppband oder Kautschuk.

VERLÄNGERN ODER STÜTZEN

Biegen Sie einen stabilen Drahthaken aus Stützdraht (e). Legen Sie ihn so auf den Stiel, daß in der linken Hand der natürliche Stiel mit dem kurzen Drahtende ist. Der Daumen liegt dabei auf dem Stiel und dem Draht.

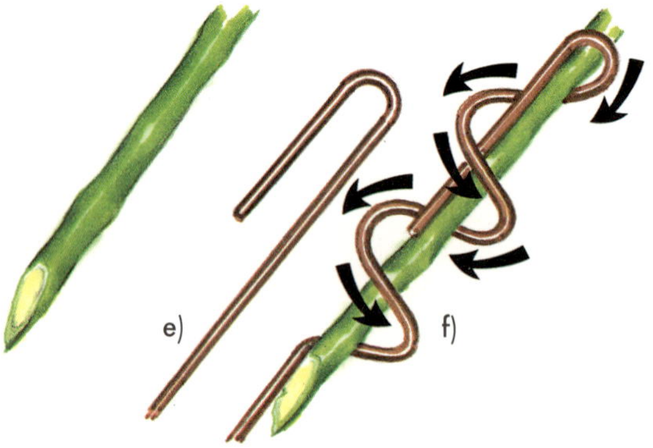

Mit der rechten Hand fassen Sie das lange Drahtende unten an (bessere Hebelwirkung) und wickeln es dann fest um den natürlichen Stiel und um das kürzere Drahtende (f).
Das um den Stiel gewickelte Drahtende sollte dabei möglichst eng anliegen.

STIELE UND BLÜTEN

Bei einigen Blumen kann man zur größeren Stabilisierung den Draht durch den Blütenboden stecken (g) und mit einem kleinen Drahtende am Stiel verlaufen lassen, um welches dann wieder das längere Drahtende wie beim Stützen gewickelt wird (h).

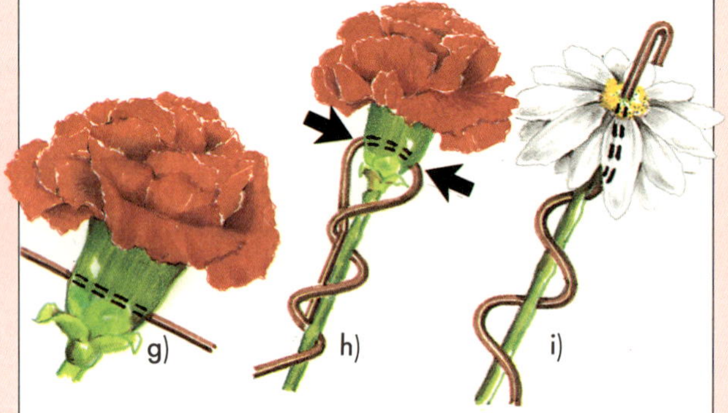

Hier ist der Draht lediglich in den Blütenboden gesteckt und dann zweimal um den Stiel gewickelt worden, bevor er parallel zum Stiel weiterläuft (i). Bei diesem Beispiel könnte man den Draht auch ganz parallel zum Stiel laufen lassen und direkt fest mit Kreppband umwickeln.

KREPPBAND

Damit die angedrahteten Stiele im Strauß nicht wegrutschen und schöner aussehen, werden sie zum Schluß immer mit Kreppband (Kautschuk) fest abgewickelt (j). Alternative: alle Stiele des fertigen Straußes mit Kreppband (Kautschuk) umwickeln.

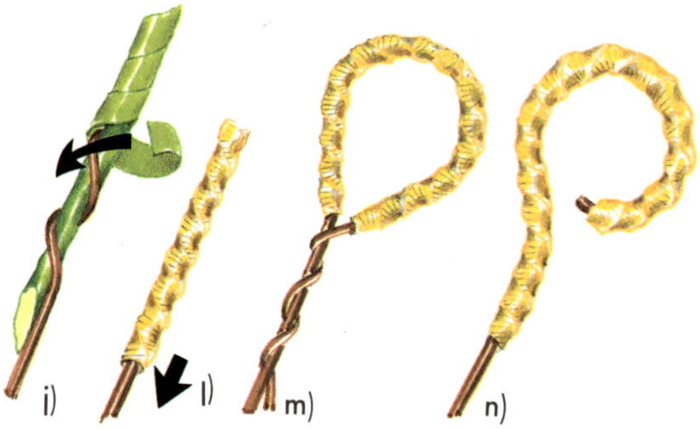

BOUILLONDRAHT

Ziehen Sie den Bouillondraht auf Myrtendraht oder Stützdraht auf (l), hakeln Sie ihn am Ende fest, oder schieben Sie ihn je nach Bedarf weiter durch.
Sie können so eine geschlossene (m) oder offene (n) Schlaufe bilden.

NELKEN

Schneiden Sie 2 cm Bouillondraht und 20 cm grünen Myrtendraht ab. Ziehen Sie dann den Schmuckdraht auf den Myrtendraht auf, so daß er sich in der Mitte befindet. Danach biegen Sie den Draht so um den Nelkenkopf, daß dieser einen Goldkranz hat (o).

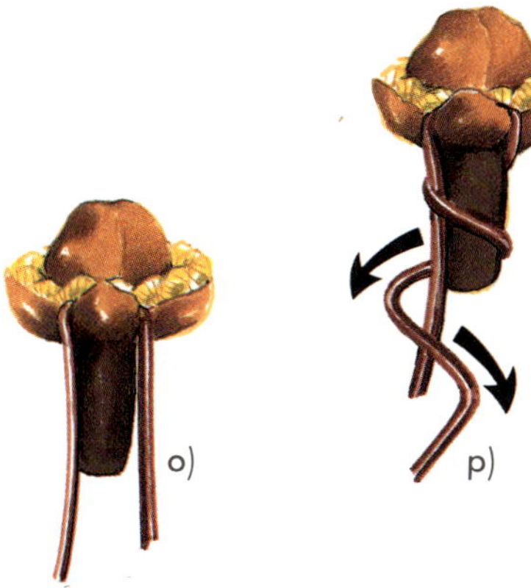

Legen Sie ein Drahtende parallel an den Nelkenstiel, umschlingen Sie beides mit dem zweiten Drahtende (p). Zum Schluß wird der gesamte Stiel mit Kreppband umwickelt. So lassen sich natürlich auch andere runde Formen schmücken, zum Beispiel Hagebutten, Eicheln oder Eukalyptus.

ZIMTSTANGEN

Biegen Sie einen dünnen Stützdraht (grün) zu einem Haken, und schieben Sie ihn dann über die Zimtstangen oder Zimtstangenstücke (r), so daß Sie das lange Drahtende unterhalb der Zimtstange fest um das kürzere wickeln können.

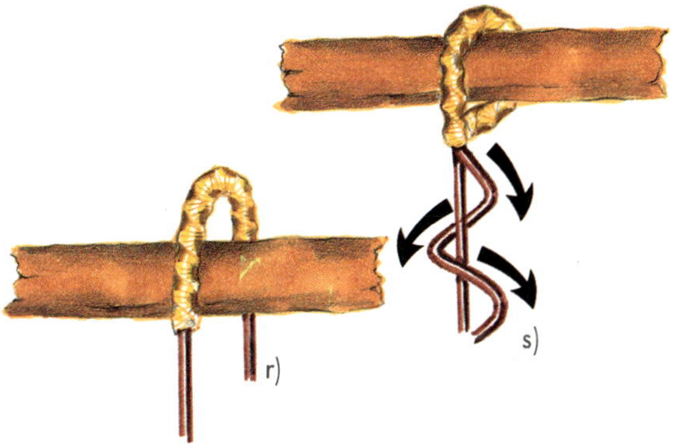

Entweder haben Sie vorher einen Schmuckdraht über das sichtbare Stück gezogen (s) oder Sie wickeln jetzt passende Kordel über die obere Drahtstelle. Der Stiel wird mit Kreppband abgewickelt. Mehrere Zimtstangenstücke zusammen an den Enden andrahten.

STERNANIS

Zwei farbige Stücke Myrtendraht werden nacheinander über den Sternanis gelegt (t) und auf der Unterseite fest miteinander verdreht (Länge der Drähte ca. 20 cm). Die Drahtstiele werden mit Kreppband oder Kautschuk abgewickelt (auch Moose und Zapfen).

BLÄTTER

Drehen Sie das Blatt auf die Rückseite, stecken Sie den Draht direkt rechts an der Hauptader nach vorne, und biegen Sie ihn wieder nach hinten (u). Das linke Drahtende führen Sie parallel neben der Mitte, das rechte um beide Stiele herum (v).

ZAPFEN

Manche Zapfen haben keinen Stiel, aber Lücken. In diese zieht man einen Drahthaken, und zwar im Bereich der unteren Schuppen (w). Zur Sicherheit kann man den Draht zweimal durchziehen und dann nach unten laufen lassen.

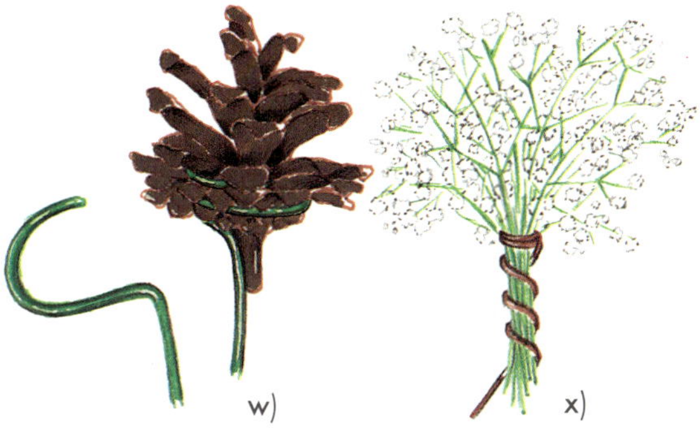

FEINE BLUMEN FRUCHTSTÄNDE (STATIZE, GRÄSER)

Sie können feine Blumen erst zu einem Bündel zusammenfassen und dann andrahten (x). Bei Fruchtständen fassen Sie das Bündel direkt unterhalb der Beeren fest zusammen.

STRÄUSSE BINDEN

RADIALE STRÄUSSE
Zunächst werden alle Blumenstiele im unteren Drittel von den noch vorhandenen Blättern befreit (a).

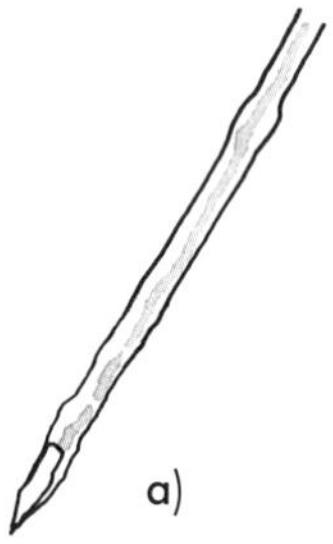

a)

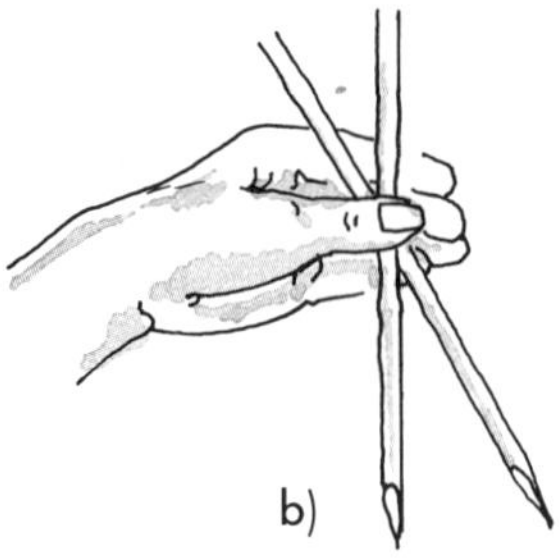

b)

Mit der linken Hand faßt man die leicht nach rechts geneigte Blume mit Daumen-, Zeige- und Mittelfinger an der späteren Bindestelle. Dann legt man die zweite Blume darüber, deren Blüte nach links und deren Stielende nach rechts zeigt (b).

Alle folgenden Blumen werden in derselben Richtung gelegt wie die zweite, aber jeweils etwas weiter geneigt als die vorherige (c). Es entsteht eine Spirale ohne Überkreuzung (zwischendurch drehen, damit der Strauß rund wird).
So verfährt man immer weiter, bis der Strauß fertig ist.

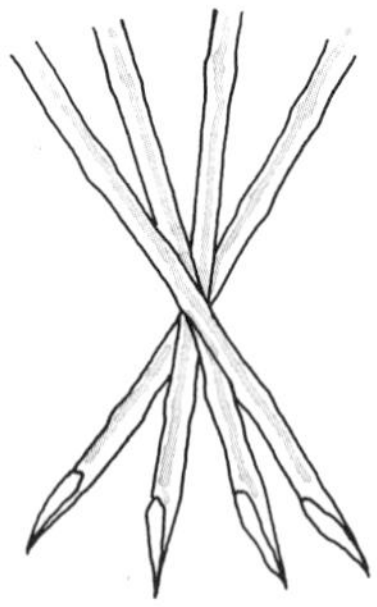

c)

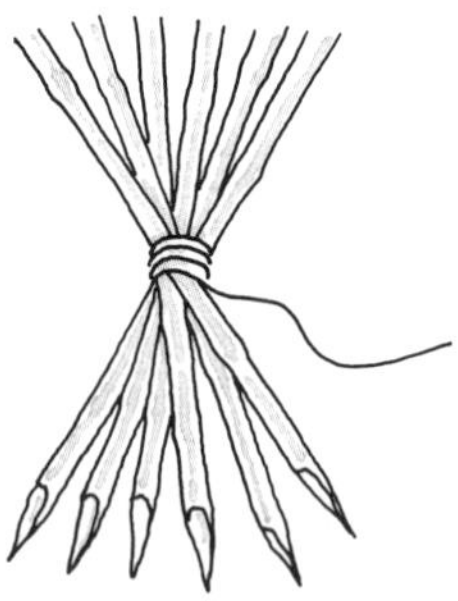

d)

Zum Schluß hält man das kürzere Ende eines Bastfadens mit dem linken Daumen fest und wickelt den Faden mehrmals um die schmalste Stelle des Straußes (d).
Dann kann man ihn ablegen und die Fadenenden miteinander verknoten.
Der Strauß sollte nun möglichst rasch ins Wasser eingestellt werden.

PARALLELE STRÄUSSE
Bei klassischen, parallel gebundenen Sträußen (Biedermeier) beginnt man in der Mitte und legt die Werkstoffe ringförmig um die Mitte herum (e).
Bei Gewürzsträußen umwickelt man in der Regel nach jedem Ring die zusammengefaßten Stiele mit Krepp-

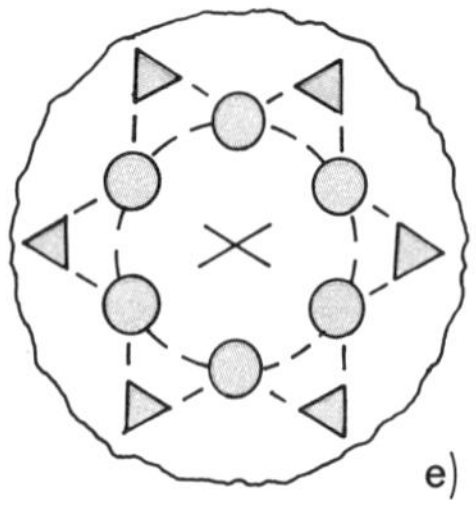

e)

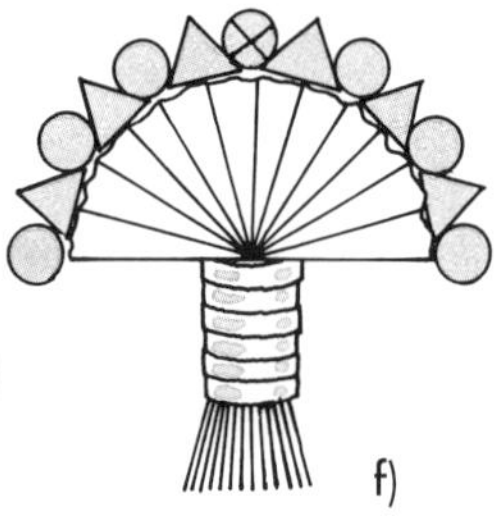

f)

band. Man bindet den Strauß bis zu einem waagrechten Abschluß und wickelt dann die Stiele mit Draht (Gewürzstrauß) oder Bindebast (Biedermeier und andere) zusammen (f), deren Enden man verknotet. Je nachdem, wie kurz man die Stiele faßt, wird der Strauß größer oder kleiner.

GESTECKE
Wenn Sie Blumen gerade parallel nebeneinander stecken wollen, sollte die Steckmasse unterhalb des Gefäßrandes liegen (g).
Stecken Sie zuerst einige recht markante Punkte.
Wenn Sie Blumen schräg

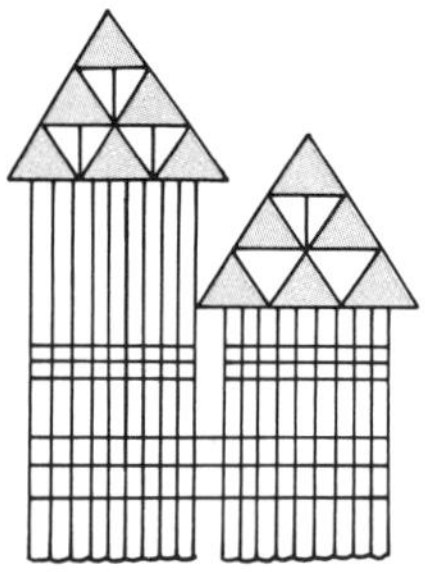

g)

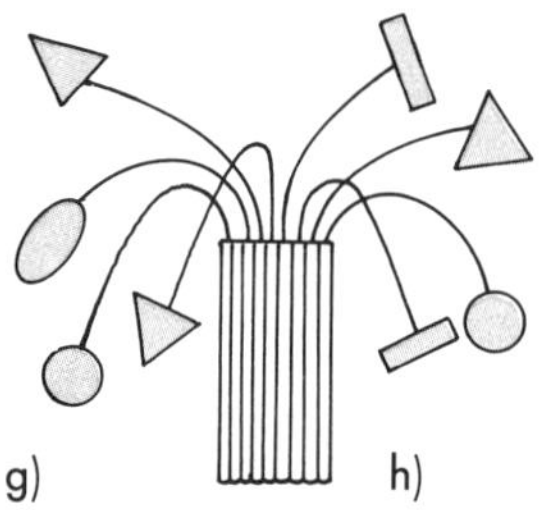

h)

einstecken wollen, muß die Steckmasse etwas über den Gefäßrand herausragen (Kanten abschrägen!) (h).
Stecken Sie zuerst die Blumen in der Mitte, dann die längsten links und rechts, vorne und hinten, dann die diagonalen.

STRAUSS-FORMEN

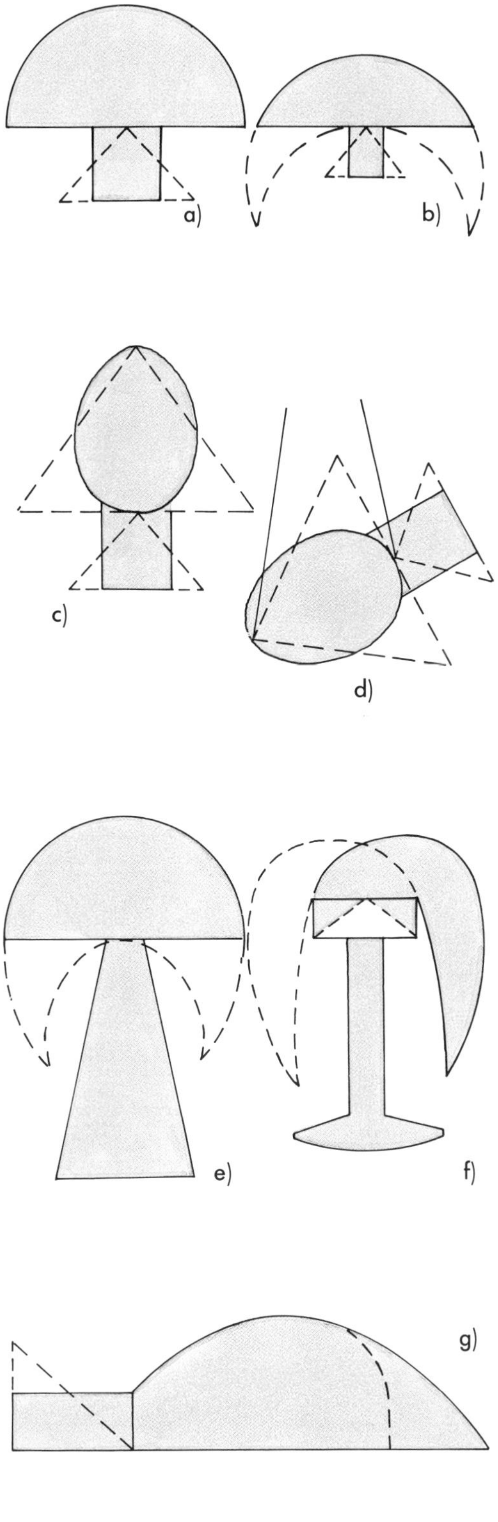

Halbkugelförmiger Umriß mit vielen Straußvarianten je nach Anordnung des Pflanzenmaterials: der Biedermeierstrauß und der sogenannte Strukturstrauß bei dichter Blütendecke, rundgebundener Strauß mit Freiräumen zwischen den Blüten (a).

Flachgebunden kann der Umriß von oben kreisförmig, aber auch nach vorn und hinten kürzer, nach links und rechts länger sein (b).

Der tropfen- oder kegelförmige Umriß kommt häufig bei »klassischen« Varianten vor (c). Je nach Werkstoff (trocken, evtl. frische Blumen in Röhrchen) kann man Sträuße auch so arbeiten, daß sie schräg, waagrecht oder senkrecht hängen (d). Eine Variante für einen hängenden Strauß finden Sie auf Seite 60.

Wichtig: Der Umriß eines Straußes wird relativ dicht, wenn man Blumen auf einer Höhe verarbeitet. Dies wird häufig mit flächigen Formen gemacht. Hat man unterschiedliche Formen, so werden oft die flächigen zur Mitte, dagegen spitzere, leicht wirkende oder ungewöhnliche Formen mehr nach außen genommen.

Der sogenannte Stehstrauß wird recht weit oben zusammengefaßt. Er besteht häufig aus einem Werkstoff (wie Getreide), wird aber auch mit gebogenen bis fließenden Blumen locker gebunden (e).
Einseitig, zweiseitig oder allseitig fließende Sträuße eignen sich gut für einen höheren Standort, zum Beispiel auf einer Säule (f) oder in einer Blumenampel.

Parallele Anordnungen ergeben eine Fülle von möglichen Formen, zum Beispiel solche mit einem geometrischen Umriß und nur einer Blumensorte oder mit Blumen, deren Stiele schon interessante Linien bilden. (Siehe dazu auch »Gestekke« auf Seite 24.)
Beispiele für parallel gebundene Sträuße finden Sie u. a. auf den Seiten 34, 45, 50, 58 und 74.

Flachliegende Sträuße werden so gearbeitet, daß man mit den längsten Stielen anfängt und links und rechts und oben kürzer werdende verwendet (g).

Eine Variante für einen flachliegend gebundenen Strauß finden Sie mit dem dazu passend komponierten Potpourri auf Seite 40 (siehe »Abenddüfte«).

Potpourris und Pomander

Verwöhnen Sie sich und andere mit selbstkreierten Duftarrangements, die nicht nur optisch einen Genuß bieten, sondern auch das seelische und körperliche Wohlbefinden steigern.

POTPOURRIS

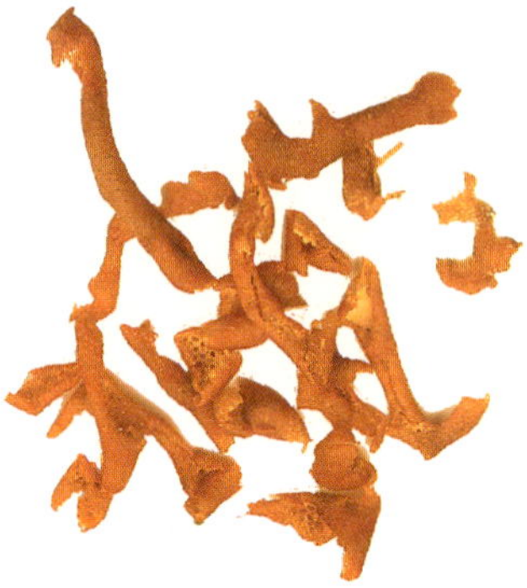

Zum Herstellen von Potpourris braucht man etwas Zeit und viel Geduld, da mehrere Arbeitsschritte erforderlich sind. Achten Sie darauf, daß alle Pflanzenteile »knistertrocken« sind. Ihr Volumen reduziert sich durch das Trocknen um mehr als die Hälfte. Am besten verwenden Sie immer auch Blüten, die Sie in großer Menge trocknen können (zum Beispiel von Sträuchern oder Bäumen). Ergänzen Sie Ihre Potpourris je nach Jahreszeit und Duftnote um Beeren und Hagebutten, oder Zapfen, Koniferennadeln und Rinden – alles Holzige ist ein guter Duftträger! Außerdem liefern Ihnen Ihre Lieblingssträuße und Gartenblumen eine Fülle an Material, wenn Sie diese im voll erblühten Zustand zupfen und trocknen. Zusätzlich bekommt man zu fast jeder Jahreszeit preiswerte Saisonblumen. Auch optisch attraktive Küchengewürze und »angestaubte« Kräutertees lassen sich verwenden. Letztere duften manchmal köstlich fruchtig. Achten Sie bei der Zusammenstellung Ihres Potpourris auf eine reizvolle Kombination von Farben, unterschiedlichen Strukturen, Formen und Größen. Der Duft der getrockneten Teile ist äußerst schwach und wird erst durch die Öle wieder intensiver. Vielleicht wählen Sie ein »Thema«, nach dem Sie Ihr Potpourri arrangieren, wie Farbvariationen, Jahreszeiten oder auch einfach; nur Blüten, nur Gewürze, nur Blätter, nur Grünes, nur Weißes, Wald, Wiese, Orient, fürs Büro (konzentrationsfördernd), fürs Wartezimmer (entspannend, erfrischend), fürs Kinderzimmer (beruhigend, heiter), um nur einige Möglichkeiten zu nennen. Lassen Sie ihrer Phantasie freien Lauf!

Noch etwas anderes ist ganz wichtig: die Verwendung von floralen Materialien, die die flüchtigen Düfte »festhalten«, die sogenannten Fixative. Sie sollte man in unterschiedlichen Formen, auch als Öl oder Pulver in mehreren Varianten (wie Zimt oder Orange) in jedem Potpourri verwenden. Viele getrocknete Kräuter, Rinden, Blüten, Wurzeln und Harze können Sie über Apotheken beziehen, ebenso Fixative, Konservierungsmittel und Duftöle.
Das gereifte Potpourri ist wegen der notwendigen Zugabe von fixierenden Pulvern leicht angestaubt. Deshalb mische ich die schönsten Blüten nicht dazu, sondern lege sie nur zum Schluß als Dekoration auf das fertige Potpourri.

Und schließlich: Potpourris sind nicht ewig haltbar und attraktiv (lediglich zwei bis drei Jahre), der Duft verflüchtigt sich noch schneller (nach bestenfalls 6 Monaten). Um dem abzuhelfen, gibt es verschiedene Möglichkeiten: Bewahren Sie Ihr Potpourri in einem Gefäß mit Deckel auf, etwa einem schönen Glasgefäß, und öffnen Sie den Deckel ab und zu, wenn der Duft verströmen soll. Oder verstärken Sie ihn bei einem offenen Gefäß durch die Zugabe von Duftölen. Falls Sie natürliche ätherische Öle verwenden, kann Ihr Potpourri einen positiven Einfluß auf Ihr seelisches und körperliches Wohlbefinden ausüben, ebenso wie der Gebrauch einer Duftlampe in der Aromatherapie.
Noch ein Tip, falls Sie lieber fertige Potpourris kaufen: Diese bestehen leider manchmal hauptsächlich aus eingefärbten Sägespänen und sind des öfteren mit synthetischen Duftstoffen parfümiert, die auf Dauer entweder beißend unangenehm riechen oder sich schnell verflüchtigen. Auch hier gilt: Qualitätsprodukte haben ihren Preis!

GRUNDREZEPT

Vermengen Sie die pulverisierten Fixative gründlich mit den Duftölen. Geben Sie dann die Mischung vorsichtig unter die Kombination von Blüten und Kräutern, und füllen Sie schließlich das Ganze in ein dicht schließendes Gefäß. Dort muß das Potpourri reifen, damit sich alle Duftbestandteile mischen. Während dessen dürfen Sie nicht versäumen, das Potpourri alle paar Tage durchzuschütteln, damit sich die Bestandteile gut miteinander vermengen. Nach vier bis sechs Wochen ist Ihr Potpourri fertig. Wenn Sie nun den Deckel lüften, so kommt Ihnen zuerst einmal ein durchdringend intensiver, möglicherweise sogar unangenehmer Duftschwall entgegen. Lassen Sie sich davon nicht irritieren. Wenn das Potpourri im Raum aufgestellt ist, so verteilt sich der Duft gleichmäßig und wirkt vielleicht sogar schwach. Später können Sie Ihr individuelles Potpourri verändern indem Sie Ihre gewählte Duftölkombination in den entsprechenden Mengenverhältnissen in eine kleine Flasche träufeln und die gleiche Menge mindestens eines fixierenden Öls (wie Toncabohnenöl) dazugeben. Träufeln Sie diese Kombination über Ihr Potpourri. Füllen Sie es vielleicht noch einmal für einige Zeit in ein verschließbares Gefäß. Einen köstlichen Duft verströmt das feuchte Potpourri, dessen Herstellung auf Seite 46 beschrieben wird.

ZUTATEN GRUNDREZEPT:

100 bis 200 g gemischte Blüten, gut getrocknet
evtl. bis 60 g trockene Kräuter wie zum Beispiel Lavendel oder Melisse
evtl. 30 bis 60 g trockene Gewürze (von denen viele auch fixierend wirken), wie zum Beispiel Zimt, Muskat oder Sternanis
ca. 40 g Fixative, zum Beispiel:
20 g pulverisiertes Fixativ (wie Veilchenwurzel) und
20 g pulverisiertes Fixativ (wie Benzoeharz, Styrax oder Zimt)
mind. 30 Tropfen Duftöl(e) (gemischt mit ein paar Tropfen Weingeist, falls vorhanden)

POTPOURRI LEBENSFREUDE:

(Abbildung unten)
100 g Rosenblüten
20 g Waldmeister
30 g Orangenschalen
30 g Lavendelblüten
20 g Zimtstangen
10 g Macis
10 g Zimtpulver
20 g Veilchenwurzelpulver
10 Tropfen Rosenöl
10 Tropfen Geranienöl
10 Tropfen Orangenöl

Duftnote: warm, entspannend, blumig und erfrischend

(von oben nach unten):

WALDPOTPOURRI
100 g Nadelgehölze wie Konifere und Immergrün (Ilex, Buchsbaum)
50 g Zapfen, Rinden, Moose, Bucheckern und Eukalyptus
10 g Trockenblumen
je 10 g Piment, Sternanis und gemahlene Nelken
10 g Kalmuswurzelpulver
10 Tropfen Zedernholzöl
je 5 Tropfen Kiefern-, Orangen-, Bay- und Patschuliöl
(intensiv, rustikal, bei Erkältungskrankheiten)

KUNTERBUNT
100 g gemischte Blüten
je 10 g Lavendel und Fruchtstände, Kräuter und Konifere
je 15 g Koriander und Zimtstangen
20 g Veilchenwurzelpulver
10 Toncabohnen (zerstoßen)
je 10 Tropfen Lavendel- und Fliederöl
je 5 Tropfen Zimt- und Citronellenöl
(weich, lieblich, entspannend)

GEWÜRZPOTPOURRI
100 g Gewürze (z.B. Muskat, Zimt, Nelken, Sternanis, Kümmel, Ingwer u.a.)
je 10 g gemahlenen Piment, Kümmel, Muskat und Zimt
10 Tropfen Bergamotteöl
je 5 Tropfen Nelken-, Zimt-, Koriander- und Ylang-Ylang-Öl
2 Tropfen Wacholderöl
(würzig, kräftig, warm)

KRÄUTERPOTPOURRI
100 g Kräuter (u.a. Muskatellersalbei, Lavendel, Melisse und Minze)
10 g Ministräußchen Lavendel (mit farbigem Bast geb.)
einige Ringelblumen- und Kapuzinerkresseblüten
30 g Veilchenwurzelpulver
10 Tropfen Bergamotteöl
je 5 Tropfen Zitronen-, Pfefferminz- und Muskatellersalbeiöl
je 3 Tropfen Rosmarin- und Verbeneöl
(würzig, anregend, erfrischend)

KINDERZIMMER POTPOURRI
70 g Kamille
je 15 g Kornblumen und Lavendel gemischt
15 g Veilchenwurzelpulver
15 g Toncabohnen (zerstoßen)
je 10 Tropfen Lavendel- und Melissenöl
je 5 Tropfen Kamillen- und Toncaöl
(fruchtig, süß, heiter)

ERFRISCHENDES
100 g Schalen (Zitrusfrüchte und Äpfel)
je 10 g Lemongras und Zitronenmelisse
10 Aprikosen- o.a. -kerne
2 Vanilleschoten
30 g Veilchenwurzelpulver
15 Tropfen Lemongrasöl
je 5 Tropfen Limetten- und Grapefruitöl
je 3 Tropfen Tonca- und Orangenblütenöl
(frisch, fruchtig, luftreinigende Wirkung)

POMANDER

MISCHUNG ZUM EINLEGEN

50 g Zimtpulver
30 g gemahlene Gewürznelken
30 g Piment (Nelkenpfeffer)
30 g Veilchenwurzelpulver
1 Päckchen Lebkuchengewürz
20 Tropfen Nelkenöl
nach Belieben
10 Tropfen Zimtöl
und 10 Tropfen Orangen-, Naroli- oder Limettenöl

Sie brauchen einwandfreie Zitrusfrüchte oder Äpfel, außerdem Gewürznelken bester Qualität. Stellen Sie zunächst die nebenstehende Materialmischung zum Konservieren der Früchte her. Sie reicht für sechs bis acht Pomander und kann in einem verschlossenen Gefäß zur Wiederverwendung aufbewahrt werden.
Stechen Sie in die Früchte in beliebiger Anordnung Löcher. Dafür eignet sich zum Beispiel ein Milchdosenöffner sehr gut. Drücken Sie dann jeweils eine Gewürznelke bis zum Kopf in ein Loch hinein – das macht übrigens auch Kindern großen Spaß! Denken Sie daran, daß das Obst beim Trocknen schrumpft, die Abstände zwischen den Nelken also kleiner werden. Wenn Sie zuwenig Nelken aufspicken, werden die Früchte eventuell schimmelig. Betten Sie eine oder mehrere so präparierte Früchte direkt in die Gewürzmischung ein, von der sie einen Teil auf die Pomander aufhäufeln.
In den ersten vierzehn Tagen sollten Sie das Obst täglich wenden und festhaftendes Pulver mit einem Löffel abklopfen. In dieser Zeit liegen die Pomander in einem verschließbaren Gefäß. Wenn Sie später den Duft auffrischen wollen, befeuchten Sie die Pomander mit Weingeist, und legen Sie sie wieder in die Mischung ein.

Pomander verbreiten winterlich-weihnachtliche Düfte und sind ein Raumschmuck für viele Jahre. Zusätzlich zu ihrer Reifung in einem verschließbaren Gefäß sollten sie danach noch etwa weitere vierzehn Tage in einer mit der Gewürzmischung gefüllten Schale ruhen.

FESTIVAL DER DÜFTE

Klassische und moderne Kompositionen und Arrangements in den unterschiedlichsten Farbklängen und Duftharmonien werden bestimmt auch Ihren Beifall finden.

DÜFTE RUND UMS JAHR

MAIEN-
ZAUBER

Duftnote: intensiv blumig, mit einer Note Zitrone, aromatisch, würzig

Werden beim Anblick dieses nostalgisch-verspielten Duftsträußchens auch bei Ihnen Kindheitserinnerungen wach? Altvertraute Blütendüfte schenken uns hier das liebliche Maiglöckchen, der würzig-warme Flieder und die herbsüßen Holunderblüten. Angereichert wird die Duftsymphonie durch die zitronigen Blätter der Duftblattpelargonie und durch aromatische Kräuter wie Ingwer, Salbei und Lavendel – ein berauschender Strauß! Die biedermeierliche Stoffmanschette betont die runde Straußform.

IN VOLLER PRACHT

Duftnote: voll, üppig, süß mit würzigem, aromatischen Beigeschmack

Zwischen Frühjahr und Sommer schüttet die Natur ein Füllhorn intensiv blühender, stark duftender Blumen aus. Diese Zeit findet hier ihren optischen Widerklang mit »alten« Pfingstrosensorten, Rosen, Flieder, Levkojen und blühenden Clematis. In dem zugleich locker und dicht gefaßten Strauß sind Lila- und Rosatöne ungleichmäßig verteilt. Der nostalgische Strauß erhält seine Begleitung durch die appetitlich gefüllte Etagere und ein Lavendel-Duftsäckchen. Ein zeitgemäßes und romantisches Stilleben – das duftet!

Frische Feigen, Veilchenpastillen, getrocknete Rhododendron- und andere Frühlingsblüten sowie eine nostalgische Weihnachtskugel füllen die Etagere.

BIEDERMEIER-VARIATIONEN

Mal nicht kunterbunt und mal nicht mit Papiermanschette, dafür aber mit süßen, warm-würzigen Düften: Biedermeiersträuße aus Nelken, Maiglöckchen, Goldlack und Schneeball. Die hier verwendete Nelkensorte »Safari« duftet nach Muskat und Zimt.

Statt der üblichen Manschette gibt es viele andere Möglichkeiten zum Einfassen der Sträuße: mit Spitzen oder mit Samtbändern, mit Moiré oder Seidenpapieren, mit grünen, feinen Rankenkränzen – lassen Sie Ihrer Phantasie freien Lauf. Hier sehen Sie drei Möglichkeiten, bei denen die schlichte Straußform mit den dezenten Farben und dem zurückhaltenden Charakter der Blumen korrespondiert. Dem entspricht das kühle, klare Ambiente, in dem sie sich entfalten können, denn die Komposition will sich nicht »anbiedern«, sondern unaufdringlich schmücken: die Platte aus spiegelndem Marmor, der gläserne, schlanke Kerzenleuchter mit der schlichten, weißen Kerze und die dekorative Glaskugel.

So faßt man das Spitzendeckchen als Manschette für den Nelkenstrauß.

Duftnote: warm-würzig (Strauß rechts); leicht, süß und intensiv (Strauß Mitte); weich und sanft mit einem frischen Spritzer (Strauß links) – klare Duftakzente

EIN HAUCH FRÜHLING

Eingebettet in allerlei Grünes wie die Blätter der Walderdbeere, setzen zartlila Veilchen leichte farbige Akzente.

Als ich an einem Frühlingstag mit meiner kleinen Tochter diese Blumen pflückte, sagte Siri: »Es ist ganz kalt, die Blumen brauchen noch ein Mäntelchen.«
Also habe ich sie »eingepackt«, in eine durchsichtige farbige Hülle. Kleine Wiesenblumen und große Glasgefäße – diese Kombination ist vielleicht manchem fremd. Aber Sie sehen anhand der optisch reizvollen Wirkung, daß es nicht immer der Keramikkrug sein muß. Und warum sind es drei Sträuße geworden? Ganz einfach, die Blumen waren unterschiedlich lang und verschieden im Ausdruck. Um keine in ihrer Gestalt zu mindern, habe ich sie getrennt und einander zugeordnet. Nun genieße ich die ersten, hauchzarten Frühlingsdüfte.
Ob Taubnessel, Günsel oder Wiesenschaumkraut, jede Blumensorte sollte zuerst gleich lang abgeschnitten werden, ehe man sie, gerade zusammengefaßt, in das Gefäß stellt. Die Veilchen werden nachträglich in allerlei gesammeltes »Gestrüpp« gesteckt.

Duftnote: schwach süßlich, sanft und weich (rechts); honigsüß (Mitte); modrig-feucht (links) – nach Frühlingswiese!

Rosen, Rosen, Rosen
(Abbildung Seite 32/33)

ROSEN, ROSEN, ROSEN
(Strauß)
MATERIAL: ca. 20 Rosen, 2 Bund Lavendel, glänzender Moiré und Spitze, Band, Bast, Schultüte (30 cm), Plastikbecher, Steckmasse, Stecknadeln
VORBEREITUNG: Rosen anschneiden, ins Wasser stellen, passendes Stück Steckmasse einweichen.
ARBEITSSCHRITTE: Die Spitze der Tüte abschneiden, den Plastikbecher oben einklemmen und mit Steckmasse so füllen, daß sie übersteht. Jetzt werden die Rosen zu einer gleichmäßigen Halbkugel gesteckt. In die Freiräume kommen kleine Lavendelbündel. Die Stiele müssen tief und fest sitzen. Schließlich wird die Tüte mit Stoff umwickelt, dieser mit Stecknadeln befestigt und mit Schmuckband verziert.
TIP: Man kann den Strauß auch mit gerade nebeneinander liegenden Stielen binden.
(Rosenpotpourri)
Nebenstehende Zutaten wie im Grundrezept für Potpourris auf Seite 29 verarbeiten.

Duftnote Strauß: sanft-süße Rosendüfte mit einem Hauch Lavendelwürze; Duftnote Rosenpotpourri: lieblich, charmant und weich

ZUTATEN
ROSENPOTPOURRI:
100 g getrocknete Blüten wie Rosen, Lavendel, Mais oder Myrte
je 10 g Nelken, Sternanis und Zimtstangen
je 20 g Zimt- und Veilchenwurzelpulver
15 Tropfen Rosenöl
je 3 Tropfen Myrten-, Lavendel-, Orangen- und Zimtöl

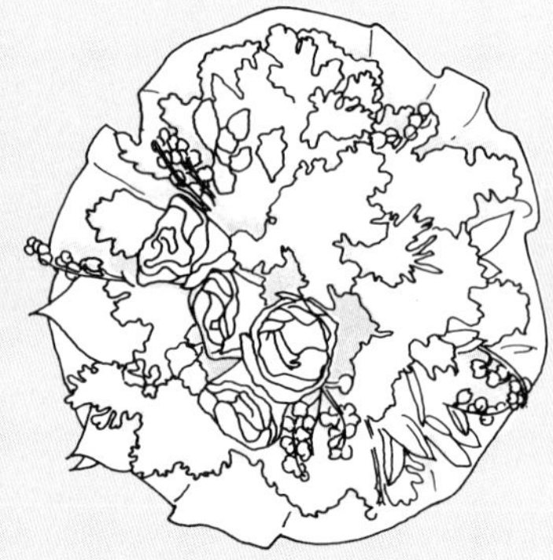

Maienzauber
(Abbildung Seite 34)

MAIENZAUBER
MATERIAL: Rosen, Flieder, Maiglöckchen, Lavendel, Salbei, Duftblattpelargonien, Mottenkönig, Ingwer, Trockenblätter, steifes Stoffband (stärken!), Draht, Bast
VORBEREITUNG: Blumen versorgen, Ingwer und Blätter andrahten (Seite 22/23).
ARBEITSSCHRITTE: 3 Stoffstreifen zuschneiden, sie jeweils zu einem Fächer raffen und andrahten (a). Für den Strauß fassen Sie die Rosen so, daß die Stiellänge oberhalb der Hand die Größe der entstehenden Halbkugel bestimmt (je länger, desto größer wird der Strauß). Von der Mitte aus können Sie wie im Kapitel »Sträuße binden« (Seite 24) beschrieben den Strauß spiralig (radial) oder parallel binden. Hier sind immer mehrere Blumen einer Sorte zusammengefaßt worden. Probieren Sie aus, wie es Ihnen am besten gelingt. Zum Schluß die drei »Fächer« manschettenartig um den Strauß ordnen, zusammenbinden.

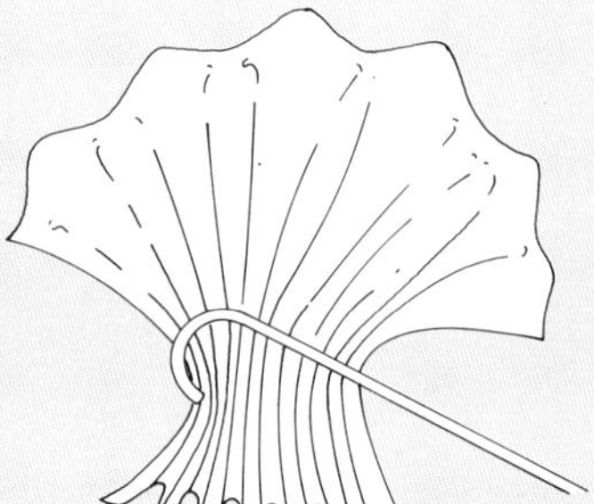

a) Stoffstreifen zu einem Fächer raffen und andrahten

FÜLLUNG ETAGERE:
Feigen (frisch), Veilchenpastillen, getrocknete Rhododendron- und andere Frühlingsblüten, nostalgische Weihnachtskugel

IN VOLLER PRACHT
MATERIAL: Flieder (falls möglich, mehrere Sorten), Levkojen, duftende Rosen (hier »Jacaranda« und »Sterling Silver«), Pfingstrosen, Salbei, blühende Clematis montana, türkisfarbenes Synthetiktuch
VORBEREITUNG: Alle Blätter vom Flieder entfernen; bei den anderen Blumen dafür sorgen, daß keine Blätter ins Wasser kommen (Fäulnisbildung).
ARBEITSSCHRITTE: Zuerst gebogene Flieder- und Levkojenstiele schräg in die Vase stellen, evtl. gerade Stiele biegen, dann größere Blüten dazustecken; zum Schluß in die Lücken Clematis und Salbei geben.
TIP: Stiele vor dem Einstellen anschneiden.

In voller Pracht
(Abbildung Seite 35)

BIEDERMEIER-VARIATIONEN
MATERIAL: Strauß rechts: Nelken »Safari«, Bänder, Deckchen; Strauß Mitte: Hortensie, Maiglöckchen (1 Blüte und Blätter); Strauß links: 1 Rose, Goldlack, Schneeball, grobmaschiges Spitzendeckchen, breites Band, Schmuckband
VORBEREITUNG: Schleifen andrahten.
ARBEITSSCHRITTE: Strauß links: Deckchen halten (Seite 36), mit der rechten Hand Nelken und gedrahtete Bänder dazulegen, binden.
Strauß Mitte: Maiglöckchen sowohl in die halbrunde Hortensie hineinstecken wie auch außenherum legen (a). Mit gleich großen Hortensienblättern die Manschette bilden, binden.
Strauß rechts: Durch die Mitte des durchbrochenen Spitzendeckchens die Rose nach unten ziehen, so daß die Rose eine »Halskrause« hat. Dann hintereinander drei Ringe bilden: mit Goldlack, mit Schneeball, mit angedrahtetem Band. Zuletzt mit Schmuckband mehrmals binden (Seiten 63, 18).

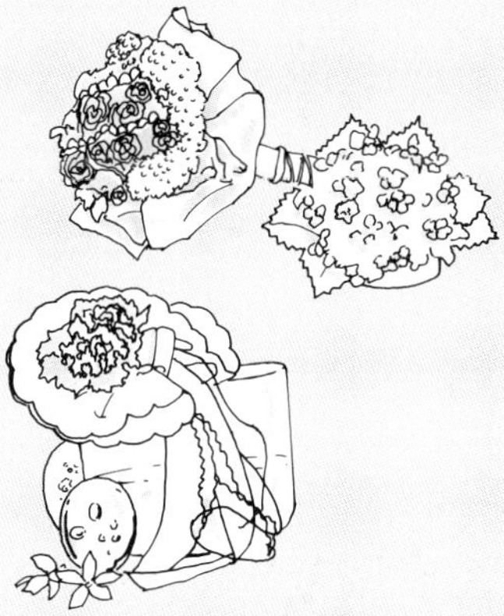

Biedermeier-Variationen
(Abbildung Seite 36)

a) Maiglöckchen in und um die Hortensie legen und stecken

EIN HAUCH FRÜHLING
MATERIAL: Taubnessel, Günsel, Wiesenschaumkraut, Veilchen
ARBEITSSCHRITTE: Jede Sorte ungefähr gleich lang abschneiden, gerade zusammenfassen und einstellen. Bei den Veilchen »Gestrüpp« in wenig Wasser stellen, Blüten dazustecken.

Ein Hauch Frühling
(Abbildung Seite 37)

ABENDDÜFTE

Duftnote: betörend lieblich, würzig und frisch

Dieser Strauß lädt ein zum mußevollen Betrachten. Nach einem langen, hektischen Tag bin ich abends im Garten umhergeschlendert, habe dem Potpourri der Düfte nachgespürt, am Geißblatt geschnuppert, ein Blättchen Minze oder Kalmus gezupft und zerrieben – die Lust zu Sammeln entstand. Neben der gewonnenen Ruhe bildete ein Arm voll lieblich und würzig duftender Blumen und Kräuter die Auslese. Beim Binden des Straußes habe ich sie jeweils so plaziert, daß ihre spezifische Eigenart optisch voll zur Wirkung kommt. Als kleine Kostbarkeiten setzen neue und historische Rosen liebliche Akzente.

Duftnote: sanfte Rosendüfte mit warmwürzigem Unterton und einem Hauch Orange – ein keineswegs süßliches Potpourri

Dieses traditionelle Rosenpotpourri zeigt sich mit einer Vielfalt exotischer Gewürze und einem Orangenpomander.

SPRÜHENDE HEITERKEIT

Warm und heiter, licht und zart präsentiert sich dieser wohlriechende Frühsommerstrauß. Zwischen wenigen flächigen Schwerpunkten scheinen Kamille, Wicken und andere Kleinblütler zusammen mit grazilem Rittersporn und Ligularien aus dem Strauß hinauszustreben. Die üppigen Pfingstrosen, die Schafgarbe und andere große Blumen bemühen sich gemeinsam mit der dickbauchigen Kupfervase um die nötige Bodenständigkeit.

Duftnote Strauß: zart-schwebend, süß und würzig; Duftnote Potpourri: pikant, frisch und blumig

Diese wunderschöne belgische Potpourridose mit dem durchlöcherten Deckel enthält eine betörend duftende, feuchte Blütenmischung, die wegen ihrer wenig ansehnlichen Optik diese ansprechende Hülle erhielt.

Duftnote Strauß: herb-würzig und intensiv-süß zugleich; Duftnote Potpourri: zitronig-frisch und herb-pikant (besonders als Luftreiniger und gegen Ungeziefer geeignet!)

BAUERN-SILBER

Nanu – da scheinen ja die Nelken frei im Gefäß zu balancieren, und wieso sehen die Lilienblüten im Potpourri so frisch aus? Dieses Stilleben mit seinen klaren Farben und Formen bietet Überraschungen. Des Rätsels Lösung: Die Nelken und die Lilie im Sektkübel stehen auf verborgenen Steckigeln, die Blüten in der Schale stecken in wassergefüllten Röhrchen. In dem Glasgefäß befindet sich ein Potpourri (siehe auch Seite 30, »Gewürzpotpourri«).

Scheinbar aus Silber, doch in Wirklichkeit aus verspiegeltem Glas sind Kerzenleuchter und Schale gearbeitet. Eine handwerklich anspruchsvolle Alternative: das wiederentdeckte englische »Bauernsilber«.

DUFT-KÖRBCHEN

Mmh, lecker – wie das duftet! Hier verschaffen Ihnen würzige Gartenkräuter einmal statt der Gaumenfreude einen wohlriechenden Augenschmaus. Die Zutaten: eine Vielfalt von Küchenkräutern wie blühender Salbei, Pfefferminze, Lavendel und Oregano in Rosenbegleitung. Was die Stellung und die Anordnung der Blumen bei gleicher Materialauswahl bewirkt, sehen Sie auf diesen beiden Seiten: der eine Korb ist weich und fließend gestaltet, der andere dicht und senkrecht. Übrigens: Auch getrocknet schauen die Körbchen noch ganz appetitlich aus!

Duftnote: kräftige Kräuterdüfte, gewürzt mit süßen Rosen

Wichtig für die Gestaltung von Gestecken und Sträußen ist zunächst die Festlegung des jeweils gewählten Umrisses durch die entsprechende Stellung und Anordnung der (hier gebogenen oder länglichen äußeren) Blumen oder anderen Pflanzenmaterialien. Zusätzlich können gezielt Farbakzente gesetzt werden.

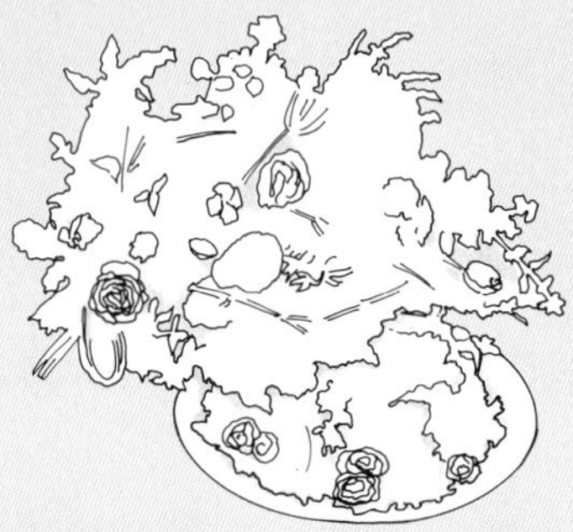

Abenddüfte
(Abbildung Seite 40/41)

ABENDDÜFTE (Strauß)
MATERIAL: Pfefferminze, Zitronenmelisse, Mottenkönig, Labkraut, Geißblatt, Flammenblume, Rosen, Salbei, Purpurskabiosen-Bast
VORBEREITUNG: Die Stiele mindestens im unteren Viertel säubern.
ARBEITSSCHRITTE: Mit den längsten Blumen anfangen, immer kürzere dazunehmen. Günstig ist es, viele Blumen mit gebogenen Stielen zu verwenden. Während des Bindens nehme ich zwischendurch ganz kurze Formen, damit die längeren wieder frei »schweben« können.
(Potpourri)
Nebenstehende Zutaten Potpourri »Abenddüfte« wie im Grundrezept für Potpourris auf Seite 29 verarbeiten.

ZUTATEN POTPOURRI ABENDDÜFTE:
100 g Holunder, Rosen, Apfelschalen, Lavendel
30 g Zimtstangen, Macis, Nelken und Sternanis gemischt
30 g Veilchenwurzelpulver
je 8 Tropfen Rosen-, Rosenholz-, Bergamotte- und Zimtöl

Sprühende Heiterkeit
(Abbildung Seite 42)

SPRÜHENDE HEITERKEIT
MATERIAL: Gartenblumen wie Schafgarbe, Kamille, Wasserdost, Bauernjasmin, Rittersporn, Ligularien
VORBEREITUNG: Stiele säubern und angeschnitten ins Wasser stellen.
ARBEITSSCHRITTE: Mit großblütigen Blumen das Gerüst bilden. Ganz wichtig: Nehmen Sie viele Blumen mit gebogenen Stielen, sonst sieht der Strauß in der Vase hinterher eventuell zu steif aus.

GRUNDREZEPT FÜR FEUCHTE POTPOURRIS
MATERIAL: 200 g stark duftende Blüten, 80 g Fixative aus gemahlenen Gewürzen und Wurzeln, 40 Tropfen passendes Duftöl, grobes Salz, Weingeist und brauner Zucker
ARBEITSSCHRITTE: Blütenblätter antrocknen lassen (2 Tage), in eine Schüssel füllen und mit Salz bedecken (3 Tassen Blüten, 1 Tasse Salz). Mit einem Teller und einem Stein die Masse pressen. Dies kann öfter wiederholt werden (a). Jeden dritten Tag angesammelte Flüssigkeit abschütten, umrühren und entweder einige Tropfen Weingeist oder Zucker darübergeben. Nach maximal 2 Monaten wird die krümelig braune Masse wie beim trockenen Potpourri mit Fixativen und Ölen kombiniert und muß verschlossen 5 Wochen reifen.

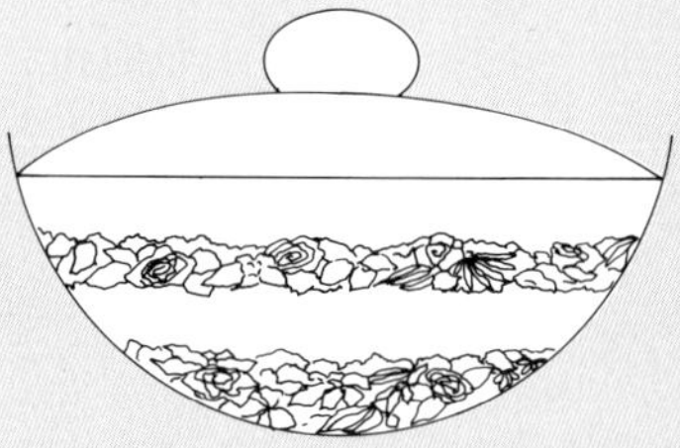

a) Das feuchte Potpourri wird in Lagen eingeschüttet: 3 Teile Blüten und 1 Teil Salz mit einem Teller und einem Stein in einer Schüssel zusammenpressen.

ZUTATEN POTPOURRI BAUERNSILBER (SCHALE):
100 g getrocknete Blüten wie Perlpfötchen, Rosen, Schafgarbe, Rainfarn oder Zypressenkraut
Schalen von 5 bis 10 ungespritzten Zitronen
20 g Lemongras
15 g Nelken
20 g Veilchenwurzelpulver
10 g gemahlene Nelken
20 Tropfen Lemongras
10 Tropfen Bergamotteöl

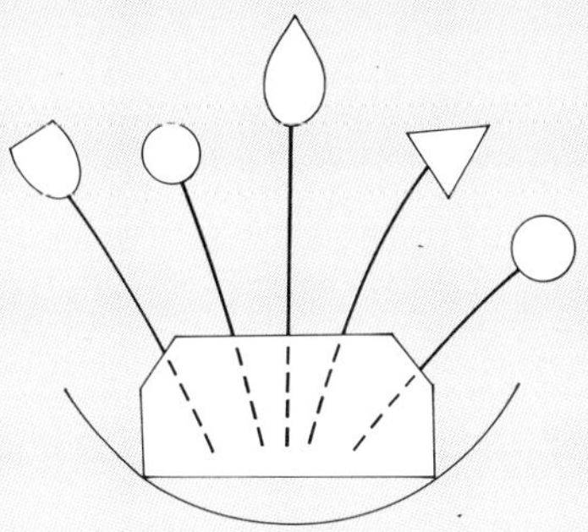

a) Abgeschrägte Steckmasse (oberhalb des Gefäßrandes)

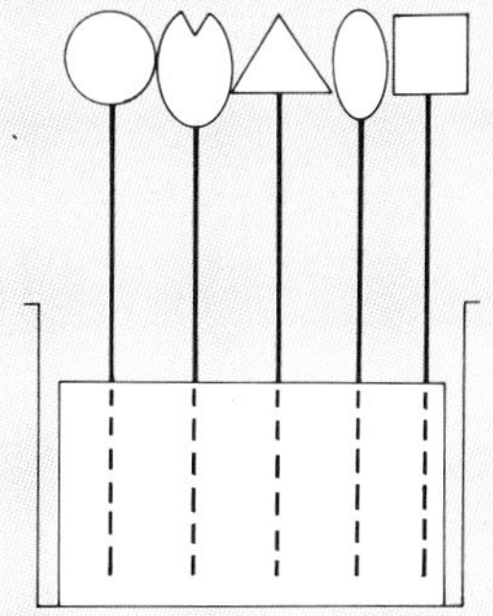

b) Flache Steckmasse (unterhalb des Gefäßrandes)

BAUERNSILBER (Strauß)
MATERIAL: Nelken (10 bis 20 Stück), Königslilie, Madonnenlilie, 2 Steckigel (Kenzan), Muschelsand, Kordel, Gummiband
VORBEREITUNG: Unten am Stiel die Blätter entfernen, anschneiden und die Nelken 5 cm oberhalb der Schnittfläche mit Gummiband zusammenfassen.
ARBEITSSCHRITTE: Steckigel ins Gefäß stellen, in der Mitte einen größeren für die Nelken. Diese werden gebündelt auf den Steckigel plaziert, daneben die Lilie. Dann wird Muschelsand zum Stabilisieren eingefüllt. Umwickeln Sie die Nelken oben dekorativ mit einer Kordel oder einem schönen Band.
(Potpourri Schale)
Nebenstehende Zutaten wie im Grundrezept für Potpourris auf Seite 29 verarbeiten.

DUFTKÖRBCHEN I
MATERIAL: Gartenkräuter und Rosen, Korb mit Folie oder Steckschale, Steckmasse
VORBEREITUNG: Steckmasse einweichen und passend schneiden.
ARBEITSSCHRITTE: Weil die Blumen schräg aus dem Korb laufen, muß die Steckmasse über den Gefäßrand schauen (a). Bilden Sie zuerst den Umriß, den Sie ausfüllen möchten. Wichtig sind die gebogenen Blumen!

DUFTKÖRBCHEN II
MATERIAL: Gartenkräuter, Rosen, Korb mit Folie oder wasserdichtem Gefäß, Steckmasse
VORBEREITUNG: Steckmasse einweichen, Blumen vorbereiten.
ARBEITSSCHRITTE: In den flachen, gerade abgeschnittenen Schwamm werden erst die längsten äußeren Blumen gesteckt, um den Umriß festzulegen (b). Nehmen Sie dafür verschiedene Sorten, das wirkt natürlicher. Ordnen Sie danach mit den Rosen die Farbakzente an.
TIP: Die Steckmasse ist bei höheren Gefäßen überflüssig. Fassen Sie die Blumen mit parallel verlaufenden Stielen zusammen, und binden Sie den Strauß dekorativ mit Naturbast oder Kordel zusammen.

Bauernsilber
(Abbildung Seite 43)

Duftkörbchen I
(Abbildung Seite 44)

Duftkörbchen II
(Abbildung Seite 45)

DORN-RÖSCHEN

Kommt Ihnen beim Anblick des Fotos irgend etwas merkwürdig vor? Kein Wunder, denn Sie sehen eine »verkehrte Welt«: einen Riesenstehstrauß in Begleitung von Puppenmöbeln. Letztere waren allerdings nur eine kurzfristige Leihgabe der Puppenmutter, die auf meine Dekorationslust mit ihren Spielsachen hin recht unwillig reagierte! Abweisend stachelig und süß duftend zugleich erinnert mich der Strauß an das Märchen vom »Dornröschen«, nur bestehen hier die lockenden Freuden im optischen Genuß!

Duftnote: warm und festlich (beim Potpourri), begleitet von einer Note Ambra

Das Thema Rosen setzt bei diesem Strauß deutlich bestimmende Elemente: locker und doch kräftig schwingen die Hagebuttenzweige herab, was durch die umgekehrten Proportionen noch mehr betont wird. Begleitet werden sie von zart duftenden Rosen, die in mit Wasser gefüllten und moosumwickelten Röhrchen stekken. Die Hagebutten und Rosen trocknen allmählich ein, wobei letztere auch gegen frische ausgetauscht werden können. Später dann wird der Strauß zusammen mit weißen Christrosen (in den Wasserröhrchen) zum vorweihnachtlichen Schmuckobjekt.
Draußen vor der Haustüre wirbt dieser Stehstrauß ebenso stimmungsvoll wie im großen Wohnzimmer. Sollten Sie jedoch in Ihrer Wohnung keinen entsprechenden Platz haben (Größe des Straußes 1,50 m), können sie natürlich auch eine viel kleinere Version binden.
Auf dem alten, schiefen Blumenständer wird das Thema »Rosen« auf allen drei Etagen fortgeführt: Auf der oberen liegt unter anderem eine goldene, gewachste Rose neben einem Rosenblütenpomander. Auf der mittleren Ebene dominiert ein Hagebuttenpomander, während auf der untersten aus einem porösen Deckelgefäß ein wohlriechendes feuchtes Potpourri seinen Duft verströmt. Wonach ist unschwer zu erraten – nach Rosen!

HERBST-TÖNE

Warme, satte Farben wecken die Erinnerung an sonnig-kühle Herbsttage, raschelndes Laub und leuchtende Farbenpracht. Die Zeit der reifen Früchte, der Fülle ist da. Noch einmal zeigt sich die Natur in ihrer verschwenderischen Schönheit. Herbstfreuden sind deshalb auch vor allem Sammelfreuden. Und Gesammeltes wurde hier zu einem stimmungsvollen Stilleben arrangiert, einfach zusammengefaßt und nur schlicht gebündelt. Da es keine einheimischen duftenden Herbstblumen gibt, bestimmen das holzig-warme Zedernbündel, der würzige Lavendelgeruch, die Duftbeutel und die süßen Düfte der Zimtstangen in Verbindung mit dem würzigen Potpourri die Duftkomposition, die unter anderem im Körbchen mit getrockneten Sonnenblumen, Pflaumen sowie mit Kastanien abgedeckt wurde.

Duftnote:
wie ein Herbstspaziergang mit würzigen und erfrischenden Akzenten

Duftnote: frisch-würzig, nach Eukalyptus und Zitrone

WACHS-FLOWER

Sie sind ein richtiger »Blickfang«, die ausdrucksvollen Gefäße der Keramikerin Andrea Schweizer aus Bonn. Sie wirken schlicht und weisen eine deutlich eigenwillige Handschrift auf. Und endlich haben wir hier eine optimale Vasenform, die genau der Umrißbildung eines Straußes entspricht. Ebenso durchdacht ist die flache Schale mit geschlitztem Deckel, die ein ideales Behältnis für fermentierte Potpourris darstellt. Wenn jetzt im Herbst und Winter die Blüten nicht mehr ihre lockenden Düfte verströmen, kann man auf importierte wohlriechende Blumen zurückgreifen. Hier sind es Eukalyptus und »Wachsblumen«, die beim Zerreiben der Blätter zitronig-frisch riechen. Außerdem können Sie Ihre Duftkompositionen durch ätherische Öle in der Aromalampe bereichern.

DUFT-RAUSCH

Magisch angezogen von ihrem intensiv-süßen Duft kaufte ich ganz leichtsinnig drei Bund Bouvardien. Zu Hause war ich dann so berauscht, da ich mich lieber dem süßen Nichtstun hingegeben hätte, als mich um das Arrangieren der Blumen zu kümmern. Ein hilfesuchender Blick auf den Gartenteich brachte die erfrischende Lösung. Ich kombinierte zu den weißen Bouvardien kühle Grüntöne: ein Bündel Gräser, eine Handvoll Blätter der Zitronenduftblattpelargonie und einen Zweig Mottenkönig. So entstand ein Ensemble, dessen betörend süßer Blütenduft im reizvollen Kontrast steht zu der schlichten klaren Wirkung. Die verschiedenen Elemente des Ensembles sind auch einzeln, an ausgesuchten Stellen plaziert, durchaus sehr dekorativ.

Duftnote: verführerisch süß und frisch

GEWÜRZ-KORB

Wasserröhrchen (Blumenfachgeschäft) mit Wasser füllen, Verschlußkappe aufsetzen, mit Lappenmoos und Schmuckdraht umwinden.

Ein stiller Zauber geht von diesem weihnachtlichen, würzig duftenden Arrangement mit seinem sanft-ruhigen Farbenspiel aus, daß hauptsächlich aus einem mit einem würzigen Potpourri gefüllten Korb besteht. Cymbidienblüten in Wasserröhrchen und frisches grünes Moos stehen in harmonischer Verbindung mit den weihnachtlichen Attributen, mit Nüssen, Zapfen, Zimtstangen und anderem. Mit Bouillondraht umwickelte Ginsterzweige und Weintraubenranken runden die Form ab. Eine unaufdringliche Komposition, deren würzig-warme Gerüche nach Tonca, Zimt und Latschenkiefer (im Potpourri) die sanfte und besinnliche Atmosphäre unterstreichen. Hören Sie auch die Weihnachtsglocken klingen?

Duftnote:
warm, nach Wald und Zimt

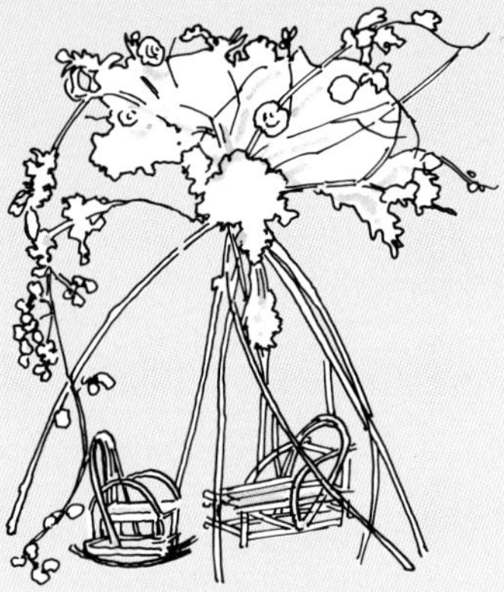

Dornröschen
(Abbildung Seite 48/49)

DORNRÖSCHEN (Strauß)
MATERIAL: Hagebuttenzweige, Rosen, Hopfen, Waldrebe, moosumwickelte Wasserröhrchen, farbiger Myrtendraht, Steckdraht, Bast, Arbeitshandschuhe
VORBEREITUNG: Die Röhrchen werden mit Wasser gefüllt und verschlossen.
ARBEITSSCHRITTE: Ziehen Sie als erstes die Arbeitshandschuhe an. Stellen Sie dann den ersten Hagebuttenzweig gerade auf den Boden, und ordnen Sie die anderen Zweige schräg dazu, so daß die Stiele alle auf dem Boden stehen. Bei einem so großen Strauß arbeitet man am besten zu zweit. Dann wird der Strauß mit Steckdraht fest zusammengebunden, über den zum Verdecken Bast oder Hanf gewickelt wird. Als nächstes befestigen Sie die Wasserröhrchen an den Zweigen, aber so, daß die Öffnungen nicht nach unten zeigen, und stecken die Rosen hinein. Schließlich winden Sie die entblätterten Hopfenranken um die Zweige und legen eventuell zusätzlich noch ein paar Waldrebenbüschel dazu.
(Potpourri)
Zutaten und Anleitung wie im Grundrezept auf Seite 29 (Öle: 10 Tropfen Rosenholzöl, je 15 Tropfen Bay- und Zimtöl).

POMANDER DORNRÖSCHEN:
Material: 60–80 Rosenköpfe
1 Hartschaumkugel (Rosenblütenpomander)
etwa 4 Handvoll feste Hagebutten
1 Hartschaumkugel (Hagebuttenpomander);

Arbeitsschritte: Alle Stiele entfernen, die Rosenköpfe bzw. die Hagebutten mit der Heißklebepistole einzeln und dicht nebeneinander auf die Hartschaumkugel kleben.

Herbst-Töne
(Abbildung Seite 50)

HERBST-TÖNE (Strauß)
MATERIAL: Herbstblumen (wie Astern, Dahlien), Lavendel, Zedernholz, Zimtstangen
VORBEREITUNG: Stiele säubern.
ARBEITSSCHRITTE: Fassen Sie die Blumen mit parallel nebeneinanderliegenden Stielen knapp unterhalb der Blütenköpfe dicht zusammen. Wenn das Bündel groß genug ist, so binden Sie den Strauß, indem Sie den Bast oberhalb der Hand um den Strauß ziehen und mit einer Rosenschere die Stiele gleich lang abschneiden. Zum Schluß werden die Blumen mit dem Messer schräg angeschnitten und auf einen mit Wasser gefüllten Teller gestellt. Den Lavendel bindet man in der gleichen Technik.
(Potpourri)
Nebenstehende Zutaten Potpourri Herbsttöne wie im Grundrezept für Potpourris auf Seite 29 verarbeiten.

ZUTATEN POTPOURRI HERBSTTÖNE:
100 g Moose, Beeren, Rinden, Laub und andere »Fundstücke«
sowie Strohblumen, Sonnenblumen, getrocknete Pflaumen und Eukalyptusschoten
20 g Sternanis
30 g Veilchenwurzelpulver
je 10 Tropfen Zypressenöl und »Frisches Laub« (Parfümöl)
je 5 Tropfen Bergamotte- und Eukalyptusöl
(Wirkung: hilft bei Erkältungskrankheiten)

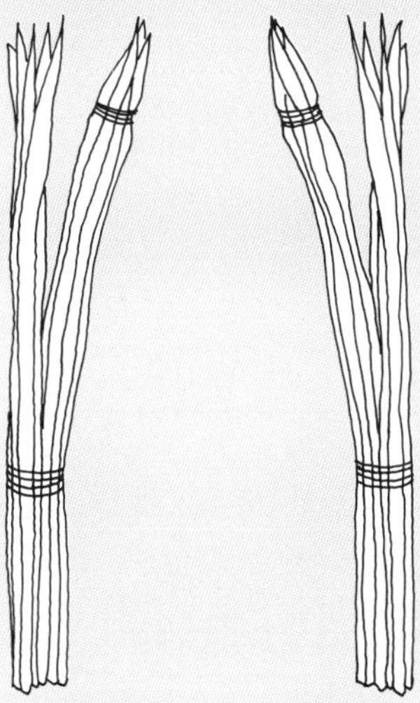

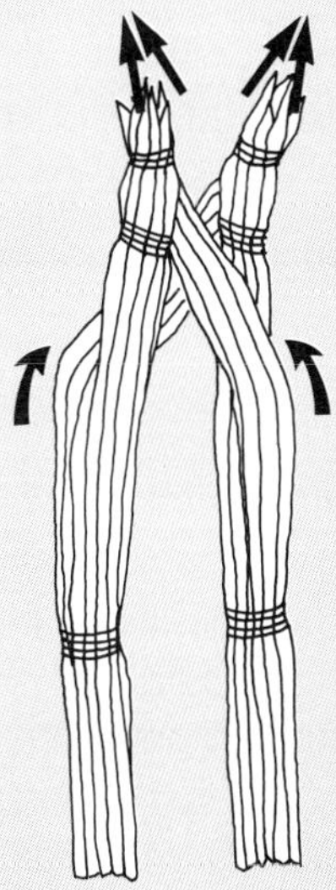

ZUTATEN POTPOURRI FESTFREUDE:
100 g Zapfen und Koniferen
je 15 g Nelken, Sternanis und Zimt
20 g Veilchenwurzelpulver
je 10 g Nelkenpfeffer und gemahlenen Piment
je 10 Tropfen Latschenkiefer-, Zimt- und Toncaöl

WACHS-FLOWER
MATERIAL: Wachsblumen, Eukalyptusschoten
VORBEREITUNG: Stiele säubern.
ARBEITSSCHRITTE: Den Strauß radial binden. Damit er nicht langweilig aussieht, sollte man entweder unterschiedliche Mengen der beiden Materialsorten verwenden oder nur einen von ihnen, die dann in einer reizvollen Spannung zu ihrer Umgebung steht.
(Feuchte Potpourris siehe Seite 46.)

Wachs-Flower
(Abbildung Seite 51)

DUFTRAUSCH
MATERIAL: Bouvardien, Kalmus, Zitronenduftblattpelargonie, weiße Rosen, Mottenkönig, Steckmasse, weiße Kordel, Frischhaltemittel
VORBEREITUNG: Steckmasse einweichen.
ARBEITSSCHRITTE: Die Bouvardien werden in der unteren Hälfte entblättert, angeschnitten und (mit Frischhaltemittel versorgt) sofort in lauwarmes Wasser gestellt, da sie empfindlich auf Wasserentzug reagieren.
Die Blätter der Duftblattpelargonie werden auf die nur 4 cm hohe Steckmasse flach geschichtet gesteckt, dazu kommt der Zweig Mottenkönig. Die beiden Büschel Kalmus werden zuerst jeweils einzeln ganz normal sowie mit einer besonderen Umschlingung gebündelt (a). Dabei spart man jeweils einige Gräser aus. Dann werden die ausgesparten Gräser des hinteren Bündels nach vorne (b) und des vorderen nach hinten mit eingebunden.

Duftrausch
(Abbildung Seite 52)

GEWÜRZKORB
MATERIAL: Potpourri »Festfreude«, Nüsse, Zapfen, Zimtstangen, Ginsterzweige, getrocknete Weintraubenranken, Cymbidienblüten, Wasserröhrchen, Moos, Bouillondraht, Weihnachtszubehör, Stoff
VORBEREITUNG: Röhrchen mit Moos umwickeln und mit Wasser füllen.
ARBEITSSCHRITTE: Das Körbchen mit passendem Tuch oder anderem Stoff auslegen, das Potpourri (Anleitung siehe Grundrezept siehe Seite 29) einfüllen, Cymbidienblüten in Röhrchen setzen, alles andere nach Belieben arrangieren.

Gewürzkorb
(Abbildung Seite 53)

ROMANTISCHES STILLEBEN

Üppig und überschwenglich – so lebendig kann auch ein trockener Strauß wirken! Hier habe ich meine Lieblingsblumen und viel einheimische Flora wie Hagebutten- oder Ginsterzweige zu einem großen, weichen Stilleben arrangiert, das durchaus nicht »verstaubt«, sondern recht zeitgemäß wirkt. Die Überraschung dabei: Der Strauß duftet!

Duftnote: warm, zart mit einer Note Zimt

DUFTENDE TROCKENSTRÄUSSE

Sanfte Wohlgerüche durchziehen das Wohnzimmer und laden ein zum Entspannen. Die überraschende Quelle: ein nach Geranium, Lavendel und Rosenholz duftender Strauß aus getrockneten Blüten! Duft und Trockenblumen – diese Kombination findet man bisher in aller Regel nicht. Wie die Sträuße im einzelnen beduftet werden, können Sie bei den Arbeitsschritten nachlesen.
Auf dieser Seite sehen Sie fünf trockene Duftstraußvarianten, einen minimalen Ausschnitt aus einer Fülle von Möglichkeiten. Bei den drei größeren strahlt der jeweils geschlossene klare Umriß soviel Ruhe aus, daß man im Detail vielfältig sein kann, ja sogar muß. So wird es dann auch nicht langweilig, die Sträuße länger zu betrachten. Im Gegenteil, je länger man hinschaut, desto mehr entdeckt man!

Duftnote: nach Belieben (hier: entspannende Wohnraumdüfte)

Übrigens: ein Sträußchen mit ungefärbten Blüten bereitet mindestens 6 Monate und bis zu 1 Jahr Freude – dann sind die Farben so verblaßt, daß man an ein neues Arrangement denken sollte, um seine Freude daran zu haben.

GELEGTES, GEBUNDENES, GEBÜNDELTES

Dieses dekorative Stilleben mit seiner weichen nostalgischen Ausstrahlung birgt eine kleine Kostbarkeit: 20 Vanillestangen. Da ich gerne dauerhaften Blumenschmuck immer wieder anders dekoriere, lege ich mal das Maisblätter-Vanillestangen-Bündel alleine neben einen Kerzenleuchter oder arrangiere einen liegenden Strauß auf der Kommode einer Obstschale zu. Der sonnenförmige Spiegel mit den golddurchwirkten zarten Heubündeln schmückt mal den Tisch, mal die Fensterbank im Bad.

Die Vanillestangen sind allein schon ein optischer Genuß. In der Kombination mit getrockneten Maisblättern wirken Sie wie eine eingehüllte Kostbarkeit.

Duftnote:
Sträuße und Orchideenblüte nach Belieben beduften, (hier eine Duftmischung aus Orchidee mit Lotus und Tonca);
weißes Sträußchen: nach Vanille und Honig;
rotes Sträußchen (oben): nach Rose, Zimt und Bayöl (Ambraduft);
Heubündel: nach frisch gemähtem Gras;
Myrtensträußchen (unten): nach Lavendel und Rose.

DUFT AUS DER LUFT

Durchaus ein recht dominantes Objekt ist dieser große, waagrecht gebundene »Schwebestrauß«. Sein Grundgerüst bilden stabile Leuchtstäbe und Hölzer, um die sich Hagebuttenzweige, Bohnen-, Hopfen- und andere Ranken winden. Die Bindestellen, an denen Stäbe, Zweige und Ranken zusammentreffen, werden nicht versteckt, sondern treten, mit farbiger Wolle oder farbigem Draht umwickelt, optisch hervor. Neben seiner ungewöhnlichen Gestaltung und Plazierung in luftiger Höhe bietet der Schwebestrauß eine weitere Überraschung: Frische, in Wasserröhrchen gesteckte Rosen verströmen zart-liebliche, süße Düfte. Je nach Jahreszeit können sie gegen andere Blumen ausgetauscht werden. An Wollfäden angeknotete und am Gerüst befestigte duftende Blätter, Blüten und Gewürze verströmen zusätzliche aromatische Düfte.

Duftnote: zart-lieblich, süß, aromatisch-würzig

ORIGINELLE DUFTTÜTE

Diese originelle Dufttüte wurde von dem Floristen Detlef Klatt gestaltet.
Wie eine Schultüte geformt, jedoch nicht mit Bonbons oder anderen Süßigkeiten gefüllt, sondern mit duftenden, angedrahteten Gewürzen wie Vanilleschoten und Zimtstangen sowie getrockneten Orangenschalen dekoriert, stellt sie einen ungewöhnlichen Wandschmuck dar. Bei jedem Lufthauch geraten die Duftteile in Bewegung, so daß es abwechselnd mal stärker nach Vanille, Zimt oder Orange riecht.

Duftnote:
würzig-fruchtig nach Vanille, Zimt und Orange

Romantisches Stilleben
(Abbildung Seite 56/57)

Duftende Trockensträuße
(Abbildung Seite 58)

ROMANTISCHES STILLEBEN
MATERIAL: Getrocknete Blumen in verschiedenen Farben, trockene Steckmasse oder Hartschaumziegel, Draht, Wolle
VORBEREITUNG: Befestigen Sie den Ziegel im Gefäß (evtl. mit Steinen an den Seiten), schrägen Sie die über den Gefäßrand ragenden Seiten ab.
ARBEITSSCHRITTE: Bei einem so großen Strauß empfehle ich, ihn zu stecken und nicht zu binden. Sie beginnen mit der höchsten senkrechten Blume, legen dann noch links und rechts die Länge in der Waagerechten fest, danach in der Diagonalen (sowie nach vorne und nach hinten). Verwenden Sie dazu unterschiedliche Blumen, sonst wirkt der Strauß zu monoton und zu steif. Anschließend füllen Sie den Umriß auf, wobei Sie darauf achten, daß die einzelnen Blumen nicht zu eng stehen und in Form, Farbe und Oberfläche reizvolle »Nachbarn« haben.

DUFTENDE TROCKENSTRÄUSSE
MATERIAL: viele verschiedene getrocknete Blüten, Fruchtstände, Zapfen, Gräser, Kräuter, Band, Draht, Hartschaum
ARBEITSSCHRITTE: Alle Sträuße können mit paralleler Stielführung gebunden werden, wenn Sie alle spröden Blumen kurz unter den Köpfen abschneiden und andrahten. Schneller und einfacher geht es, die Sträuße in einen Hartschaumblock oder sogar in einem normalen, aber nicht eingeweichten Block Steckmasse mit den natürlichen Stielen zu stecken. Die beiden kleinen Sträußchen sind gebunden; bei den drei großen beginnen Sie jeweils in der Mitte und stecken die Blumen dann ringsum immer weiter (dem gewünschten Umriß entsprechend) nach außen. Zum Schluß legen Sie die Manschette herum. Für den rechten hinteren Strauß wird die Manschettentechnik auf Seite 38 beschrieben, die des linken Straußes geht folgendermaßen: einen passenden breiten Streifen Band drahten Sie an vier bis sechs Stellen an (siehe auch Seite 22/23). Dann stecken Sie die Drähte mit dem Band eng rings um den Strauß zu einem Kreis fest.

DER TRICK MIT DEM DUFT:
Mischen Sie zwei fixierende Öle (hier Zimt und Tonca) mit einem Blütenöl nach Wahl (hier Geranium) im Verhältnis 1:1:2. Beträufeln Sie Zapfen, Rinden und samtige oder »wuschelige« Blüten mit jeweils 10 bis 20 Tropfen, und verschließen Sie sie dann für vier Wochen in einem Behälter. In die fertigen Sträuße träufle ich alle zwei, drei Wochen einige Tropfen der Ölmischung.
Übrigens, Blüten mit Stiel werden auch zu Duftträgern, wenn sie mit in reifende Potpourris eingelegt werden.

BEDUFTUNG GELEGTES, GEBUNDENES, GEBÜNDELTES:
Einige Zimtstangen mit Zimtöl und die Maisblätter mit Vanilleöl einreiben; die Sträuße (wie auf Seite 62 beschrieben) beduften, wobei der untere Strauß im fertigen Zustand mit je 5 Tropfen Rosen-, Myrten- und Lavendelöl beträufelt wird (die Myrte hat eine fixierende Wirkung).
Auf das Heu träufelte ich 10 Tropfen Heuöl, in die Mitte der Phalaenopsis 5 Tropfen Lotusöl, gemischt mit 3 Tropfen Toncaöl. Das weiße Sträußchen lag in einem Kinderzimmer-Potpourri (Vanille-Honig), einige Blüten des oberen Sträußchens (vier Wochen) in einer Mischung aus je 10 Tropfen Rosen-, Zimt- und Bayöl.

MONTAGE VANILLEBÜNDEL:
Bänder erst über Kreuz nach oben, dann über Kreuz nach unten um das Bündel legen, zum Schluß zusammenknoten.

GELEGTES, GEBUNDENES, GEBÜNDELTES
MATERIAL: Zimt, Vanille, Mais, Trockenblumen, Heu, eine in Silicagel getrocknete Phalaenopsisblüte, diverse Bänder, Bouillondraht, Glimmer
ARBEITSSCHRITTE: Bei den Sträußen wurden lediglich die ersten Blüten länger angelegt, die folgenden (oberen) kürzer, so daß geschichtete Sträuße mit flacher Rückseite entstehen.
Die Heubüschel auf dem Spiegel werden mit Bouillondraht locker umwunden und in Form gelegt. Zusätzlich dazu haben ich etwas Goldglimmer darübergestreut.

Gelegtes, Gebundenes, Gebündeltes (Abbildung Seite 59)

DUFT AUS DER LUFT
MATERIAL: 3 Leuchtstäbe, stabile Hölzer oder große Zimtstangen, Hagebuttenzweige, Bohnen-, Hopfen- oder andere Ranken, frische Rosen, Kordel, farbiger Draht (Wolle), 5 moosumwickelte Wasserröhrchen, Nylonfaden
ARBEITSSCHRITTE: Erst die 3 Leuchtstäbe aneinander, dann die Hölzer oder Stangen mit Kordel an die Leuchtstäbe zu einem Grundgerüst binden. Hagebuttenzweige und Ranken jeweils an mehreren Stellen mit farbigem Draht oder mit Wolle am Gerüst befestigen. Die Wasserröhrchen so anbringen, daß die Öffnungen leicht schräg nach oben zeigen, die frischen Rosen in die Röhren setzen. Zum Aufhängen dieses Schwebestraußes an 4 markanten Punkten jeweils 1 langen Nylonfaden anknoten.

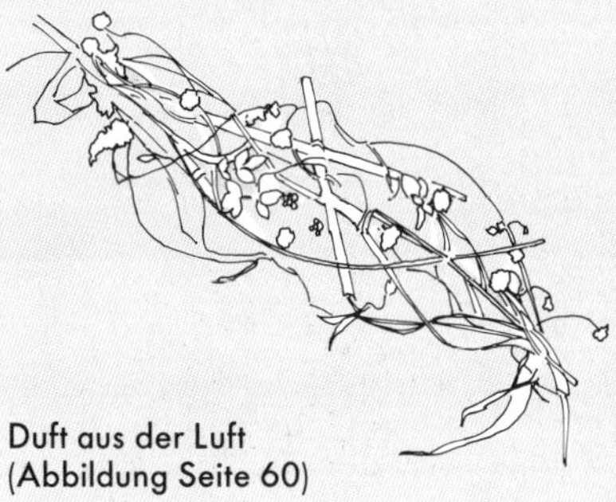

Duft aus der Luft (Abbildung Seite 60)

ORIGINELLE DUFTTÜTE
MATERIAL: Packpapier, Klebstoff, Wollfäden, 30 bis 40 verschiedene längliche Gewürze (wie Vanilleschoten oder Zimtstangen), Hartschaum
ARBEITSSCHRITTE: Packpapier zur Tüte rollen und kleben, Gewürze und Schalen am Ende eines Wollfadens anknoten. Die Tüte mit Hartschaum (eventuell vorher mit einem Potpourri) füllen. Gewürze und Schalen am Ende eines Wollfadens anknoten, jeweils einige am anderen Fadenende zusammenfassen und andrahten. Draht in den Hartschaum stecken, abdecken.

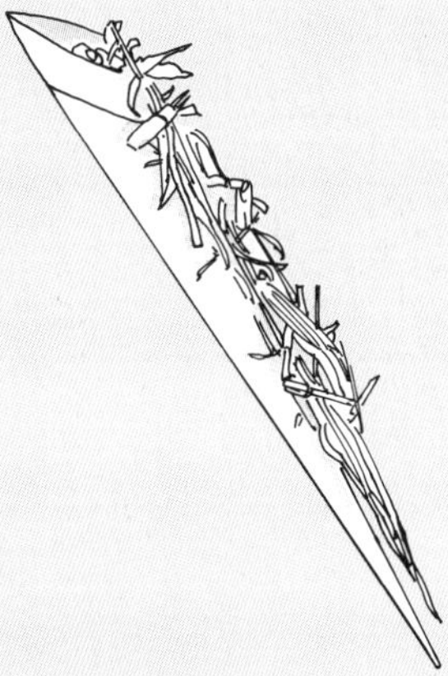

Originelle Dufttüte (Abbildung Seite 61)

SACHETS, KISSEN UND DUFTBEUTEL

Was es da alles gibt – alleine mit den »Versteckmöglichkeiten« für entspannende, anregende, aufregende und sonstige Düfte ließe sich ein ganzes Buch füllen.
Schauen Sie sich einmal um in Ihrer Wohnung – Sie werden sicher auch entdecken, wie viele Plätze es für verborgene Düfte gibt. Da können zum Beispiel an den Gardinen entspannend-erfrischend wirkende Beutelchen hängen, zwischen der Wäsche nach Belieben herbe, zitronige oder auch mottenabwehrende Sachets liegen. Arrangieren Sie doch beruhigende, schlaffördernde Kissen mit Hopfen, Melisse und Lavendel. Gefallen Ihnen sinnliche, in Blumenformen eingehüllte Blütendüfte besser? Badezimmerbeutel aus Tüll, Küchenkaros mit Zitronendüften, lustige Kinderzimmermotive, rustikale, romantische oder elegante Kissen oder andere Kreationen für das Wohn- und Schlafzimmer – hier finden Sie für sich und auch andere eine Fülle an Ideen. Neben den sorgfältig genähten Handarbeiten von Heidi Günter gibt es auch Sachen für diejenigen, die (wie ich) nicht nähen können.

Duftnote:
nach Belieben schlaffördernd, sinnlich, entspannend-erfrischend oder anders

SONNEN-
SPIRALE

Im Frühsommer ist unsere Wiese mit Margeriten übersät. Die Ernte war für mich Anlaß zum üblichen Zupfspiel. Sie wissen schon: »Er liebt mich, er liebt mich nicht, . . .«.
So besaß ich schließlich eine Menge getrockneter weißer, zarter Blütenblättchen neben gelben Sonnen. Ausgehend von der runden Form der Blütenböden und den unterschiedlichen Größen habe ich dann diese Spirale gelegt.

Duftnote:
klar, dezent und frisch

Dieses wie auch die folgenden Potpourris geben einen kleinen Eindruck von den vielfältigen Gestaltungsmöglichkeiten, die Sie mit getrockneten Blüten, Kräutern und Gewürzen entwickeln können – mal ganz abgesehen von den unzähligen Duftvarianten!

HARMONIE UM WEISS

Diese Blüten- und Gewürzmischung verströmt einen eleganten, blumigen Duft – entsprechend ihrer optischen Wirkung. Ich komponiere gerne Potpourris, die thematisch eine Farbe und ihre Nuancen mit vielfältigen Strukturen aufgreift. Hier ist es Weiß, variiert in kleinen und großen Blüten, transparenten, glatten, rauhen Tupfern, abgetönt ins Creme mit einem Hauch Gelb dazu, begleitet von grünen Rosenblättern. Betont wird das Weiß außerdem vom dezent eingesetzten kontrastbildenden Schwarz der Vanilleschoten und des Untergrundes. Dieses in der Farbgebung und Duftnote unaufdringlich komponierte Potpourri eignet sich besonders für Wohnräume.

Duftnote: elegant, weich, mit blumiger Frische

Blüten vieler Jahreszeiten, Maiglöckchen und Rosen, Holunder und Immortellen finden sich zusammen zu einer ruhigen, unaufdringlichen Komposition, deren Duft entspannend und freundlich wirkt.

GENÜSSE DES ORIENTS

Warm, freudig, üppig und sinnlich präsentiert sich dieses orientalisch anmutende Potpourri. Lassen Sie sich von ihm zu einer entspannenden Verwöhnstunde entführen.

Pfingstrosenblüten und Rosenblütenblätter, Erlenzapfen neben zwei Hopfentupfern (die natürlich in dieser Menge keinesfalls einschläfernd wirken), Salbei und Minze sind hier mit einem Bündel langer Zimtstangen auf einem grau-silbernen, türkischen Eßteller arrangiert worden. Daneben bilden getrocknete Apfelschalen mit den prickelnd süß-herben Holunderblüten eine attraktive Komposition, Oberflächen- und Farbspannung. Rotwangige Äpfel verlocken zu Gaumenfreuden, und eine würzig duftende Eukalyptuskette verheißt weitere sinnliche Genüsse.

Duftnote: anziehend, sinnlich und betörend

EXOTISCHE FREMDE

Duftnote:
intensiv exotisch und schwer

Verschiedene exotische Gewürze, Sandelholz und schwere Blütendüfte bestimmen die Ausstrahlung dieses exotischen Potpourris. Die anderen Elemente des Gesamtarrangements setzen ebenfalls fernöstliche Schwerpunkte.

Duftstrauß: Bambus wurde so in Stücke geschnitten, daß jedes Röhrchen einen Boden besitzt und mit Wasser gefüllt werden kann. In die zusammengebundenen Bambusabschnitte werden dann die Blüten gestellt. So haben Sie ein Gesteck ohne Steckmasse oder einen Strauß mit »eingebautem Wasserreservoir« – je nach Betrachtungsweise.

Potpourri: Zedernholz und Sandelholz, Quassia und Chili, Macis und Kardamon wie auch andere Gewürze und Hölzer gruppieren sich auf dem Holzteller. An Eßstäbchen erinnern die Zimtstangen – Vanille, Ingwer und Paprika strukturieren das Arrangement gemeinsam mit den in Silicagel getrockneten Rhododendronblüten.

Sachets, Kissen und Duftbeutel)
(Abbildung Seite 64/65)

DUFTBEUTEL UND -HERZEN:
Füllung I:
50 g Zedernholzspäne
50 g Lavendel
30 g Kalmuswurzelpulver
10 Tropfen Zedernholzöl
oder 15 Tropfen Lavendel
5 Tropfen Orangenöl
(gegen Ungeziefer)

Füllung II:
100 g Lavendelblüten
gemischt mit
30 g Veilchenwurzelpulver
und
a) 15 Tropfen Bergamotteöl
10 Tropfen Grapefruitöl
5 Tropfen Lavendelöl
(belebende Wirkung)
oder
b) 15 Tropfen Geraniumöl
je 5 Tropfen Rosen-, Zimt-
und Lavendelöl
(entspannende und
beruhigende Wirkung)
oder
c) 9 Tropfen Ysopöl
je 5 Tropfen Muskateller-
salbei-, Melisse-, Zitronen-
und Wacholderöl
(konzentrationsfördernde
Wirkung)

SACHETS, KISSEN UND DUFTBEUTEL

Bei größeren Füllmengen kann man bis zur Hälfte der Grundzutat (Lavendel, Hopfen, Rosenblätter oder andere) gegen Hafermehl oder feine, ganz trockene Sägespäne austauschen. Fixative und Öle bleiben wie angegeben. Richten Sie sich für die Herstellung wieder nach dem auf Seite 29 beschriebenen Herstellungsverfahren für Potpourris.
Flache, längliche Duftbeutel für den Kleider- und Wäscheschrank, sogenannte Sachets, duften nicht nur angenehm, sondern wehren auch Ungeziefer ab (alle Zutaten werden im Mörser erst pulverisiert). Bei Kissen nähen Sie eine Innenhülle (Baumwolle) für die Füllung.

Nähanleitung Duftbeutel: Ein Stoffquadrat von etwa 20 cm Seitenlänge zuschneiden. Eine Kante versäubern (z.B. mit dichtem Zickzackstich oder die Kante zweimal je 1/2 cm nach links umschlagen und schmalkantig feststeppen oder, wenn vorhanden, einen Festonbogen mit der Nähmaschine nähen). Stoff rechts auf rechts auf die Hälfte falten (versäuberte Kante liegt oben), an der offenen Längsseite und der unversäuberten Schmalseite zusteppen. Eventuell diese beiden Kanten mit Zickzackstich versäubern. Auf die rechte Seite wenden, mit einer Potpourrimischung zur Hälfte füllen und mit einem Band zubinden.

Nähanleitung Duftherzen: Ein Rechteck aus Stoff in den Maßen 20 x 10,5 cm zuschneiden. Den Stoff an den Schmalseiten rechts auf rechts auf die Hälfte falten. Die drei offenen Seiten, bis auf eine kleine Öffnung zum Füllen, zunähen. Den Stoff wenden. Das Kissen locker mit einer Potpourrimischung füllen. Die Öffnung zunähen. Eine Ecke des Kissens festhalten, mit den Fingern den Stoff zusammenschieben und oberhalb der Diagonale mit einem Band oder einer Kordel die Herzform binden.

TIP: In der Kombination 2/3 Lavendel, 1/3 Hafermehl können Sie auch Badebeutel herstellen (am besten aus Tüll). Je 10 g reichen für zweimal Baden. Legen Sie die Beutel ins Wasser, oder hängen Sie sie an den Wasserhahn.

SACHETS
Füllung »Mottenschreck«:
je 30 g zerstoßenen Beifuß,
Rainfarn und Wermut sowie
zerstoßenes Zypressenkraut
und Mutterkraut
30 g Veilchenwurzelpulver
je 10 Tropfen Lavendel-
und Myrtenöl
je 5 Tropfen Thymian-
und Nelkenöl
(intensiv, etwas scharf)

KISSEN
Füllung I:
je 50 g Hopfen, Lavendel
und Melisse
30 g Veilchenwurzelpulver
je 15 Tropfen Lavendel-
und Melissenöl
(schlaffördernde und
entspannende Wirkung)

Füllung II:
90 g Rosenblütenblätter
10 g Patschuli
je 10 g pulverisierte Veilchenwurzel sowie pulverisierten Zimt und Koriander
mischen mit
a) 15 Tropfen Jasminöl
je 5 Tropfen Geranium-
und Ylang-Ylang-Öl
2 Tropfen Moschusöl
(betörend, verführerisch)
oder
b) je 30 g Hopfen, Melisse
und Lavendel (mit der gleichen Menge Hafermehl
oder mit Wollvlies)
30 g Veilchenwurzelpulver
3 Tropfen Lavendelöl
je 1 Tropfen Honig-
und Rosenöl
(sanft beruhigend)

ZUTATEN SONNENSPIRALE:

100 g Margeritenblütenblätter und -blütenböden
20 Tropfen Toncaöl
je 5 Tropfen Myrten- und Mimosenöl

SONNENSPIRALE

Die angegebene Menge von 100 g Margeritenblütenblättern und -blütenböden wird jeweils nur mit den Ölen vermischt. Dazu stellen Sie eine Mischung her, die mindestens 1 fixierendes Öl enthalten sollte (siehe Zutaten). Die Blütenböden legen Sie in Form einer Spirale dekorativ auf die Blütenblätter auf.

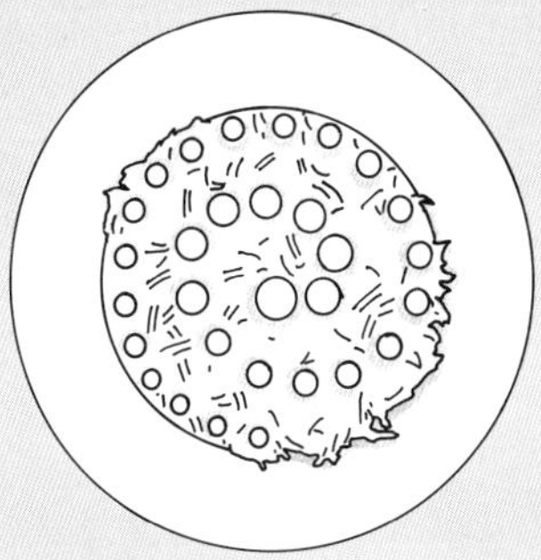

Sonnenspirale
(Abbilung Seite 66)

ZUTATEN HARMONIE UM WEISS:

100 g weiße Blüten (wie Holunder, Ranunkel, Rose, Hortensien u.a.)
je 10 g Rosenblätter und Quassia (Bitterholz)
5 Vanilleschoten (davon 2 zerkleinert)
10 g Piment
30 g Veilchenwurzelpulver
10 Tropfen Magnolienöl
je 5 Tropfen Verbenen-, Geranium- und Vanilleöl

HARMONIE UM WEISS

Diese Blüten- und Gewürzmischung eignet sich gut für Wohn- oder Warteräume.
Maiglöckchen, Rosen, Holunder, Immortellen, Ranunkeln, Hortensien oder andere weiße Blüten werden von grünen Rosenblättern begleitet. Für die entsprechende süße Würze sorgen Vanilleschoten (siehe Zutaten), von denen 2 zerkleinert dazugegeben werden sollten, sowie Piment (siehe auch Herstellungsverfahren Potpourris Seite 29).

Harmonie um Weiß
(Abbildung Seite 67)

ZUTATEN GENÜSSE DES ORIENTS:

100 g Blütenblätter (wie Pfingstrosen und Rosen)
30 g Benzoeharz
15 Tropfen Ylang-Ylang-Öl
je 5 Tropfen Zimt-, Bergamotte- und Geraniumöl
2 Tropfen Moschusöl

GENÜSSE DES ORIENTS

Zusätzlich zu der angegebenen Blüten-Gewürz-Mischung verleihen Erlenzapfen, Hopfen, Salbei und Minze zusammen mit einem Bündel Zimtstangen dem Potpourri ein dekoratives Aussehen (siehe auch Herstellungsverfahren Potpourris Seite 29).

Genüsse des Orients
(Abbildung Seite 68)

ZUTATEN POTPOURRI EXOTISCHE FREMDE:

60 g Hölzer (wie Sandel-, Rosen-, Zedern-, Krapp-holz und Quassia)
60 g Gewürze (wie Zimt, Macis, Kardamom, Chili)
je 10 g Patschuli/Lavendel
10 Tropfen Sandelholzöl
je 5 Tropfen Jasmin-, Rosenholz-, Zedernholz-, Bay- und Patschuliöl

EXOTISCHE FREMDE (Strauß)

MATERIAL STRAUSS: Pfingstrosen, Blauregen (Glyzinien), frische Bambuszweige, Seidenpflanzen, Bambusstangen
VORBEREITUNG: Blumenstiele und Zweige anschneiden, in Wasser stellen.
ARBEITSSCHRITTE: Die Bambusstangen so in Stücke schneiden, daß Röhren mit Boden entstehen. Die Röhren in beliebiger Reihenfolge, Stärke und Höhe parallel mit Bast oder anderem dekorativen Bindematerial zusammenbinden, mit Wasser füllen, Blumen in Röhren nach Belieben einstellen.
(Potpourri)
Nebenstehende Zutaten wie im Grundrezept für Potpourris auf Seite 29 verarbeiten.

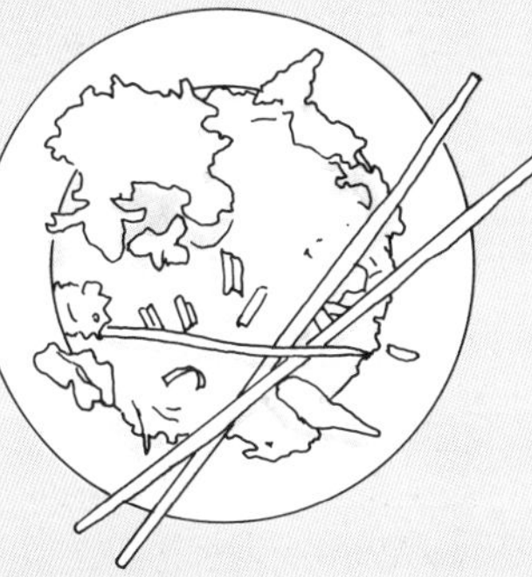

Exotische Fremde
(Abbildung Seite 69)

RIESEN-GEWÜRZSTRAUSS

Gar nicht bombastisch wirkt dieser trockene Gewürzriese, der immerhin einen Durchmesser von fast einem Meter aufweisen kann! Die sanften Farben und die klare Anordnung der Materialien sorgen gemeinsam dafür, daß er mit seiner Größe nicht »protzen« kann. Bei einem so ausladenden Strauß ist es sinnvoll, vorher seinen zukünftigen Platz in der Wohnung zu bestimmen. Und wie er duftet! Einerseits weihnachtlich wie alle Gewürzsträuße, andererseits aber auch entsprechend den zusätzlichen Duftstoffen: Die Beduftung hängt dann letztlich auch davon ab, ob er konzentrationsfördernde (fürs Büro), entspannende (für Warteräume oder Eingangshallen) oder erfrischende (fürs Wohnzimmer) Duftkomponenten zusätzlich zu den würzigen erhalten soll. Sicherlich bedeutet so ein Strauß eine Fleißarbeit von ungefähr 12 bis 20 Stunden, aber Sie haben auch lange Freude an ihm!

Duftnote: weihnachtlich-würzig sowie je nach Beduftung mit z.B. erfrischender oder konzentrationsfördernder Wirkung

KLASSISCHE GEWÜRZ-STRÄUSSE

Der typische »Lebkuchenduft« der Gewürzsträuße korrespondiert hier mit sanften, fein abgestimmten Farben und kostbaren Stoffen. Auch der wertvolle, wohlduftende Briefständer und die Holzdose unterstreichen die Ausstrahlung des Biedermeier-Gewürzsträußchens. In seiner gediegenen und unaufdringlichen Art stellt dieses Arrangement wie auch der Wandgewürzstrauß eine sehr sorgfältige und zeitaufwendig ausgeführte individuelle Handarbeit dar.

Duftnoten: weihnachtlich-würzig mit einer Note Nelken und Zimt

Frau Rosemarie Waindinger aus Köln gestaltete die auf diesen beiden Seiten liebevoll gearbeiteten Gewürzsträuße. Der Wandgewürzstrauß rechts wurde hier, seiner optischen Schwere entsprechend, mit dem Stiel nach oben aufgehängt.

MODERNER GEWÜRZ-STRAUSS

Scheinbar unbeeindruckt von der kraftvollen Strenge der Zimtstangen umspielen die Wicken mit tänzerischer Leichtigkeit den frischen Strauß. Sie werden in der Mitte des Straußes unterstützt von Orangenblüten, Freesien, Rosen und Seidenpflanzen, so daß frische, blumige und würzige Düfte harmonisch zusammenklingen. Die bizarren Linien der Wickenranken finden einen optischen Widerhall in dem goldenen Myrtendrahtgewebe mit eingebundenen Gewürzen. Durch das »Gerüst« aus angedrahteten Zimtstangen und Ingwerknollen ist es einfach, einen solchen Strauß zu arbeiten.

Duftnote: süß-frische Blütendüfte mit einer würzigen Note nach Zimt

Duftnote: würzig, lieblich-süß und pikant

Nach der frischen Version sehen Sie hier den Strauß, nachdem er getrocknet ist. Ich ließ ihn mit Wasser (Höhe etwa 5 cm) in der Vase stehen, so daß die Blumen langsam konserviert wurden. Einige zusätzliche Wickenranken, Maiglöckchenblätter und Rosen füllen die durch das Trocknen entstandenen Lücken im Strauß. Das spröde Erscheinungsbild der Gewürze wird hier durch das der konservierten Blumen verstärkt und steht im Kontrast zu der seidig glänzenden Oberfläche des indischen Vorhanges.
Sie sehen in den unteren Abbildungen die Entwicklung des flachen, gebundenen Straußes vom Andrahten bis zum Zusammenfassen des Gerüstes. Grundlegende Techniken werden in den Kapiteln zum Thema »Andrahten« (Seite 22/23) und »Sträuße binden« (Seite 24/25) sowie die einzelnen Arbeitsschritte für das Anfertigen dieses Straußes auf Seite 79 erklärt.

Das Grundgerüst des Straußes bilden große Zimtstangen, frische Ingwerknollen und eine Vanillestange, Zwischenräume werden mit frischen Blumen ausgefüllt. Kleine, auf Myrtendraht gewickelte Gewürze umranken wie ein Gespinst den fertigen Strauß.

Riesengewürzstrauß
(Abbildung Seite 72/73)

RIESENGEWÜRZSTRAUSS
MATERIAL: Diverse Gewürze (wie Zimt, Muskat, Sternanis), Trockenblumen (hier Kugeldistel, Hahnenkamm, Rosen, Hagebutten u.a.), Klebestreifen, Hartschaum
VORBEREITUNG: Drahten Sie Gewürze und Trockenblumen wie auf den Seiten 22 und 23 beschrieben an (außer den Rosen und den Kugeldisteln). Achten Sie dabei darauf, daß die angedrahteten Teile einer Sorte möglichst gleich groß sind, damit Sie relativ gleichmäßige Ringe bilden können.
ARBEITSSCHRITTE: Am besten stecken Sie diesen Strauß. Dazu benötigen Sie eine flache Schale, über die Sie beidseitig Klebeband ziehen; darauf kleben Sie flachgeschnittene, in der Mitte ungefähr 15 cm, außen 5 cm hohe Steckmasse fest (evtl. mit einer Heißklebepistole). Das Gefäß muß ganz ausgefüllt sein. Sie können den Hartschaum ruhig aneinanderstückeln. Von der Mitte aus stecken Sie die angedrahteten Gewürze und Trockenblumen ringförmig nach außen. Wichtig: Durchbrechen Sie ab und zu das ringförmige Muster, weil der Strauß sonst zu monoton wirkt. Ich habe dazu Bohnenranken verwendet. Den Abschluß bildet ein Geflecht aus Bohnenranken und rötlichen Zweigen, das an mehreren Stellen angedrahtet wurde. Dieser Strauß steht auf einer mit Trockenzweigen umkleideten Säule.

SCHLEIFEN ANDRAHTEN: Formen Sie einen Drahthaken aus Stützdraht. Nehmen Sie dann ein Schleifenband in der linken Hand so zusammen, daß ein Ende herunterhängt und sich eine Schlaufe bildet. Mit der rechten Hand legen Sie eine weitere Schlaufe zur rechten Seite und fassen sie in der linken Hand mit der ersten Schlaufe zusammen. Jetzt wickeln Sie den Stützdraht um den unteren Teil der Schlaufen und legen den Drahthaken über die zusammengefaßte Mitte. Ganz dicht unter der Schleife müssen Sie nun das lange Drahtende um das kürzere wickeln. Diese Schleifen sind für viele Arbeiten verwendbar.

Klassische Gewürzsträuße
(Abbildung Seite 74/75)

KLASSISCHE GEWÜRZSTRÄUSSE
MATERIAL: Verschiedene Gewürze, nach Belieben Schoten, Zapfen, Ruskus, Stoff-, Gewürz- oder Schmuckdrahtblüten, Holzstab, Kautschuk, Trockenblumen, Bouillondraht, Stützdraht, Wickeldraht, Watte
ARBEITSSCHRITTE BIEDERMEIERSTRAUSS: Wählen Sie als Mittelpunkt für Ihren Strauß eine schöne Blüte. Legen Sie um diese ringförmig angedrahtete Ruskuszweige und Gewürze herum. Binden Sie dieses Büschel mit Wickeldraht fest zusammen. Lassen Sie den Draht an der Rolle und achten Sie darauf, daß der Drahtanfang ein Stück hervorsteht. Mit der rechten Hand legen Sie nun immer wieder, leicht nach unten abgestuft, im Kreis angedrahtete Gewür-

Bei klassischen Gewürzsträußen vor dem eigentlichen Binden der Sträuße Gewürze, Schoten, Trockenblumen u. a. (wie auf Seite 22 und 23 beschrieben) andrahten; zusätzlich Schmuckdraht- oder andere künstliche Blüten anfertigen.

SCHMUCKDRAHTBLÜTEN:
Für eine Blüte jeweils 5 Stükke goldenen Myrtendraht (ca. 6 bis 8 cm lang) zu ovalen Blütenblättern formen, die beiden Drahtenden miteinander zu einem 1 cm langen »Stiel« verbinden, jedes Blatt mit Bouillondraht umwickeln und seine Enden mehrfach um den Myrtendrahtstiel winden. Blütenblätter zusammenfassen, eine Perle oder eine Gewürznelke in die Mitte kleben.

MANSCHETTEN:
Falls Sie eine Manschette anlegen wollen, so können Sie diese von unten über die Stiele des fertigen Straußes fest nach oben schieben. Zum Schluß legen Sie einen kleinen Wattebausch an die Drahtenden (um Verletzungen vorzubeugen) und wikkeln den Stiel so mit Kautschukband ab, daß einerseits oben die Manschette nicht mehr abrutschen kann und andererseits unten der Wattebausch mit abgedeckt ist.

TIP MODERNER GEWÜRZSTRAUSS:
Schneiden Sie die gedrahteten und mit Kautschuk umwickelten Stiele ein Stück kürzer als die Blumenstiele. Wenn der Strauß getrocknet ist, stecken Sie einfach Blüten nach und binden den Strauß nochmals.

ze an und wickeln jede Reihe mit dem Wickeldraht fest (man benötigt für jeden neuen Ring ungefähr doppelt soviel wie für den vorhergegangenen). Den Abschluß in der Waagerechten bilden kleine angedrahtete Ruskusbüschel. Nun schneiden Sie den Wickeldraht ab und verdrehen den Anfang und das Ende fest miteinander. Mit einer Drahtzange sollten Sie zwischendurch immer wieder die Drahtenden so kurz schneiden, wie der Stiel im fertigen Strauß lang werden soll.

ARBEITSSCHRITTE WANDGEWÜRZSTRAUSS:
Büschel aus angedrahteten Gewürzen, Schoten, Zapfen, Strelitze, Stoff-, geklebten Gewürz- und/oder Schmuckdrahtblüten mit Draht zusammenfassen, jeweils nach links, rechts und zur Mitte mit Draht um einen Holzstab wickeln (nach unten immer größere Büschel), Stielende mit Kautschuk umwinden, mit einer großen Stoffschleife dekorieren.

Klassische Gewürzsträuße
(Abbildung Seite 74/75)

MODERNER GEWÜRZSTRAUSS
MATERIAL: große Zimtstangen, frische Ingwerknollen, Vanillestangen, Blätter, kleine Gewürze, Myrtendraht, duftende Blumen (hier Wicken, Freesien, Seidenpflanze, Rosen, Orangenblüten)

VORBEREITUNG: Die Gewürze wie auf den Seiten 22 und 23 andrahten. Die kleinen Gewürze umwickeln Sie jeweils mit dem Myrtendraht, bis Sie eine lange Ranke haben.

ARBEITSSCHRITTE: Beginnen Sie mit den langen Zimtstangen, und legen Sie diese so übereinander, daß Sie ihre Drähte zusammenfassen können. Seitlich werden die (frischen) Ingwerknollen dazugenommen, der Draht mit der Vanilleschote von oben gerade nach unten gesteckt. In der Mitte sind einige Lücken geblieben, in die Sie nun die Frischblumen schieben, die die Mitte des Straußes bilden sollen. Die gebogenen Blumen für die waagerechten Linien werden zwischen und unter die Zimtstangen bzw. die Ingwerknollen gelegt. Diese stützen die Blumen und verhindern ein Verrutschen. Dann winden Sie das Gewürzgespinst um den fertigen Strauß. Beim Binden des Straußes erfassen Sie die unteren Enden des Gespinstes mit.

Moderner Gewürzstrauß
(Abbildung Seite 76/77)